Cambridge Plain Texts

T0352033

DIDEROT

PARADOXE SUR LE COMÉDIEN

DIDEROT

PARADOXE SUR LE COMÉDIEN

CAMBRIDGE
AT THE UNIVERSITY PRESS
1922

CAMBRIDGE UNIVERSITY PRESS
Cambridge, New York, Melbourne, Madrid, Cape Town,
Singapore, São Paulo, Delhi, Mexico City

Cambridge University Press
The Edinburgh Building, Cambridge CB2 8RU, UK

Published in the United States of America by Cambridge University Press, New York

www.cambridge.org
Information on this title: www.cambridge.org/9781107638563

First published 1922
Re-issued 2013

A catalogue record for this publication is available from the British Library

ISBN 978-1-107-63856-3 Paperback

NOTE

THE *Paradoxe sur le Comédien*, like the majority of the more important writings of DENIS DIDEROT (1713–1784), was not published till after his death, the date of publication being 1830. It was written in 1773 and revised about 1778, but a first sketch of it had appeared in Grimm's *Correspondance* in 1770 under the title of *Observations sur une brochure intitulée Garrick ou les acteurs anglais*, and this serves as a starting-point for the discussion[1].

Diderot was prolific in ideas, and he expounded them with warmth and brilliance, seeing, or permitting himself to see, only one side of the question. Thus in this onslaught on the sensibility which distinguished his own character—"si Nature a pétri une âme sensible, c'est la mienne"—he forgets that an actor must feel a part before he can interpret it; that the emotions which study and reflection enable him to imitate on the stage must be his own emotions; and that if Dumesnil trusted too much to nature, Clairon trusted too much to art.

A. TILLEY

July, 1922

---

[1] On the strength of a manuscript with corrections, all in the writing of J.-A. Naigeon, Diderot's admirer and disciple, M. Ernest Dupuy, in his edition of the *Paradoxe* (1902), contended that Naigeon was the real author, but M. Bédier (*Études critiques*, 1903, pp. 83 ff.) has conclusively proved, after careful examination of the manuscript, that whoever was the author of the *Paradoxe* it could not have been Naigeon.

PARADOXE SUR LE COMÉDIEN

Premier Interlocuteur

N'en parlons plus.

Second Interlocuteur

Pourquoi?

Le Premier. C'est l'ouvrage de votre ami.

Le Second. Qu'importe?

Le Premier. Beaucoup. A quoi bon vous mettre dans l'alternative de mépriser ou son talent, ou mon jugement, et de rabattre de la bonne opinion que vous avez de lui ou de celle que vous avez de moi?

Le Second. Cela n'arrivera pas; et quand cela arriverait, mon amitié pour tous les deux, fondée sur des qualités plus essentielles, n'en souffrirait pas.

Le Premier. Peut-être.

Le Second. J'en suis sûr. Savez-vous à qui vous ressemblez dans ce moment? A un auteur de ma connaissance qui suppliait à genoux une femme à laquelle il était attaché, de ne pas assister à la première représentation d'une de ses pièces.

Le Premier. Votre auteur était modeste et prudent.

Le Second. Il craignait que le sentiment tendre qu'on avait pour lui ne tînt au cas que l'on faisait de son mérite littéraire.

Le Premier. Cela se pourrait.

Le Second. Qu'une chute publique ne le dégradât un peu aux yeux de sa maîtresse.

Le Premier. Que moins estimé, il ne fût moins aimé. Et cela vous paraît ridicule?

Le Second. C'est ainsi qu'on en jugea. La loge fut louée, et il eut le plus grand succès: et Dieu sait comme il fut embrassé, fêté, caressé.

Le Premier. Il l'eût été bien davantage après la pièce sifflée.

Le Second. Je n'en doute pas.

Le Premier. Et je persiste dans mon avis.

Le Second. Persistez, j'y consens; mais songez que je ne suis pas une femme, et qu'il faut, s'il vous plaît, que vous vous expliquiez.

Le Premier. Absolument?

Le Second. Absolument.

Le Premier. Il me serait plus aisé de me taire que de déguiser ma pensée.

Le Second. Je le crois.

Le Premier. Je serai sévère.

Le Second. C'est ce que mon ami exigerait de vous.

Le Premier. Eh bien, puisqu'il faut vous le dire, son ouvrage, écrit d'un style tourmenté, obscur, entortillé, boursouflé, est plein d'idées communes. Au sortir de cette lecture, un grand comédien n'en sera pas meilleur, et un pauvre acteur n'en sera pas moins mauvais. C'est à la nature à donner les qualités de la personne, la figure, la voix, le jugement, la finesse. C'est à l'étude des grands modèles, à la connaissance du cœur humain, à l'usage du monde, au travail assidu, à l'expérience, et à l'habitude du théâtre, à perfectionner le don de nature. Le comédien imitateur peut arriver au point de rendre tout passablement; il n'y a rien ni à louer, ni à reprendre dans son jeu.

Le Second. Ou tout est à reprendre.

Le Premier. Comme vous voudrez. Le comédien de nature est souvent détestable, quelquefois excellent.

En quelque genre que ce soit, méfiez-vous d'une médiocrité soutenue. Avec quelque rigueur qu'un débutant soit traité, il est facile de pressentir ses succès à venir. Les huées n'étouffent que les ineptes. Et comment la nature sans l'art formerait-elle un grand comédien, puisque rien ne se passe exactement sur la scène comme en nature, et que les poëmes dramatiques sont tous composés d'après un certain système de principes? Et comment un rôle serait-il joué de la même manière par deux acteurs différents, puisque dans l'écrivain le plus clair, le plus précis, le plus énergique, les mots ne sont et ne peuvent être que des signes approchés d'une pensée, d'un sentiment, d'une idée; signes dont le mouvement, le geste, le ton, le visage, les yeux, la circonstance donnée, complètent la valeur? Lorsque vous avez entendu ces mots:

> Que fait là votre main?
> Je tâte votre habit, l'étoffe en est moelleuse,

que savez-vous? Rien. Pesez bien ce qui suit, et concevez combien il est fréquent et facile à deux interlocuteurs, en employant les mêmes expressions, d'avoir pensé et de dire des choses tout à fait différentes. L'exemple que je vous en vais donner est une espèce de prodige; c'est l'ouvrage même de votre ami. Demandez à un comédien français ce qu'il en pense, et il conviendra que tout en est vrai. Faites la même question à un comédien anglais, et il vous jurera by God, qu'il n'y a pas une phrase à changer, et que c'est le pur évangile de la scène. Cependant comme il n'y a presque rien de commun entre la manière d'écrire la comédie et la tragédie en Angleterre et la manière dont on écrit ces poëmes en France, puisque, au senti-

ment même de Garrick, celui qui sait rendre parfaitement une scène de Shakespeare ne connaît pas le
premier accent de la déclamation d'une scène de
Racine; puisque enlacé par les vers harmonieux de ce
dernier, comme par autant de serpents dont les replis
lui étreignent la tête, les pieds, les mains, les jambes
et les bras, son action en perdrait toute sa liberté:
il s'ensuit évidemment que l'acteur français et l'acteur
anglais qui conviennent unanimement de la vérité des
principes de votre auteur ne s'entendent pas, et qu'il
y a dans la langue technique du théâtre une latitude,
un vague assez considérable pour que des hommes
sensés, d'opinions diamétralement opposées, croient
y reconnaître la lumière de l'évidence. Et demeurez
plus que jamais attaché à votre maxime: *Ne vous
expliquez point si vous voulez vous entendre.*

Le Second. Vous pensez qu'en tout ouvrage, et
surtout dans celui-ci, il y a deux sens distingués,
tous les deux renfermés sous les mêmes signes, l'un
à Londres, l'autre à Paris?

Le Premier. Et que ces signes présentent si nettement ces deux sens que votre ami même s'y est trompé,
puisqu'en associant des noms de comédiens anglais
à des noms de comédiens français, leur appliquant les
mêmes préceptes, et leur accordant le même blâme et
les mêmes éloges, il a sans doute imaginé que ce qu'il
prononçait des uns était également juste des autres.

Le Second. Mais, à ce compte, aucun autre auteur
n'aurait fait autant de vrais contre-sens.

Le Premier. Les mêmes mots dont il se sert
énonçant une chose au carrefour de Bussy, et une
chose différente à Drury-Lane, il faut que je l'avoue
à regret; au reste, je puis avoir tort. Mais le point

important, sur lequel nous avons des opinions tout
à fait opposées, votre auteur et moi, ce sont les
qualités premières d'un grand comédien. Moi, je lui
veux beaucoup de jugement; il me faut dans cet
homme un spectateur froid et tranquille; j'en exige,
par conséquent, de la pénétration et nulle sensibilité,
l'art de tout imiter, ou, ce qui revient au même, une
égale aptitude à toutes sortes de caractères et de rôles.

Le Second. Nulle sensibilité!

Le Premier. Nulle. Je n'ai pas encore bien en-
chaîné mes raisons, et vous me permettrez de vous
les exposer comme elles me viendront, dans le désordre
de l'ouvrage même de votre ami.

Si le comédien était sensible, de bonne foi lui
serait-il permis de jouer deux fois de suite un même
rôle avec la même chaleur et le même succès? Très
chaud à la première représentation, il serait épuisé et
froid comme un marbre à la troisième. Au lieu
qu'imitateur attentif et disciple réfléchi de la nature,
la première fois qu'il se présentera sur la scène sous
le nom d'Auguste, de Cinna, d'Orosmane, d'Agamemnon, de Mahomet, copiste rigoureux de lui-même ou
de ses études, et observateur continu de nos sensations, son jeu, loin de s'affaiblir, se fortifiera des
réflexions nouvelles qu'il aura recueillies; il s'exaltera
ou se tempérera, et vous en serez de plus en plus
satisfait. S'il est lui quand il joue, comment cessera-t-il
d'être lui? S'il veut cesser d'être lui, comment saisira-
t-il le point juste auquel il faut qu'il se place et
s'arrête?

Ce qui me confirme dans mon opinion, c'est l'in-
égalité des acteurs qui jouent d'âme. Ne vous attendez
de leur part à aucune unité; leur jeu est alternative-

ment fort et faible, chaud et froid, plat et sublime. Ils manqueront demain l'endroit où ils auront excellé aujourd'hui; en revanche, ils excelleront dans celui qu'ils auront manqué la veille. Au lieu que le comédien qui jouera de réflexion, d'étude de la nature humaine, d'imitation constante d'après quelque modèle idéal, d'imagination, de mémoire, sera un, le même à toutes les représentations, toujours également parfait: tout a été mesuré, combiné, appris, ordonné dans sa tête; il n'y a dans sa déclamation ni monotonie, ni dissonance. La chaleur a son progrès, ses élans, ses rémissions, son commencement, son milieu, son extrême. Ce sont les mêmes accents, les mêmes positions, les mêmes mouvements; s'il y a quelque différence d'une représentation à l'autre, c'est ordinairement à l'avantage de la dernière. Il ne sera pas journalier: c'est une glace toujours disposée à montrer les objets et à les montrer avec la même précision, la même force et la même vérité. Ainsi que le poëte, il va sans cesse puiser dans le fonds inépuisable de la nature, au lieu qu'il aurait bientôt vu le terme de sa propre richesse.

Quel jeu plus parfait que celui de la Clairon? cependant suivez-la, étudiez-la, et vous serez convaincu qu'à la sixième représentation elle sait par cœur tous les détails de son jeu comme tous les mots de son rôle. Sans doute elle s'est fait un modèle auquel elle a d'abord cherché à se conformer; sans doute elle a conçu ce modèle le plus haut, le plus grand, le plus parfait qu'il lui a été possible; mais ce modèle qu'elle a emprunté de l'histoire, ou que son imagination a créé comme un grand fantôme, ce n'est pas elle; si ce modèle n'était que de sa hauteur, que son action serait faible et petite! Quand, à force de travail, elle a approché de cette idée le plus près qu'elle a pu, tout est fini ; se tenir ferme là, c'est une pure affaire d'exercice et de mémoire. Si vous assistiez à ses études, combien de fois vous lui diriez : *Vous y êtes!* combien de fois elle vous répondrait : *Vous vous trompez!* C'est comme Le Quesnoy, à qui son ami saisissait le bras, et criait : *Arrêtez! le mieux est l'ennemi du bien : vous allez tout gâter.* Vous voyez ce que j'ai fait, répliquait l'artiste haletant au connaisseur émerveillé ; mais vous ne voyez pas ce que j'ai là, et ce que je poursuis.

Je ne doute point que la Clairon n'éprouve le tourment du Quesnoy dans ses premières tentatives ; mais la lutte passée, lorsqu'elle s'est une fois élevée à la hauteur de son fantôme, elle se possède, elle se répète sans émotion. Comme il nous arrive quelquefois dans le rêve, sa tête touche aux nues, ses mains vont chercher les deux confins de l'horizon ; elle est l'âme d'un grand mannequin qui l'enveloppe ; ses essais l'ont fixé sur elle. Nonchalamment étendue sur une chaise longue, les bras croisés, les yeux fermés, immobile, elle peut, en suivant son rêve de mémoire, s'entendre, se voir, se juger et juger les impressions qu'elle excitera. Dans ce moment elle est double : la petite Clairon et la grande Agrippine.

Le Second. Rien, à vous entendre, ne ressemblerait tant à un comédien sur la scène ou dans ses études, que les enfants qui, la nuit, contrefont les revenants sur les cimetières, en élevant au-dessus de leurs têtes un grand drap blanc au bout d'une perche, et faisant sortir de dessous ce catafalque une voix lugubre qui effraye les passants.

Le Premier. Vous avez raison. Il n'en est pas de la Dumesnil ainsi que de la Clairon. Elle monte sur les planches sans savoir ce qu'elle dira; la moitié du temps elle ne sait ce qu'elle dit, mais il vient un moment sublime. Et pourquoi l'acteur différerait-il du poëte, du peintre, de l'orateur, du musicien? Ce n'est pas dans la fureur du premier jet que les traits caractéristiques se présentent, c'est dans des moments tranquilles et froids, dans des moments tout à fait inattendus. On ne sait d'où ces traits viennent; ils tiennent de l'inspiration. C'est lorsque, suspendus entre la nature et leur ébauche, ces génies portent alternativement un œil attentif sur l'une et l'autre; les beautés d'inspiration, les traits fortuits qu'ils répandent dans leurs ouvrages, et dont l'apparition subite les étonne eux-mêmes, sont d'un effet et d'un succès bien autrement assurés que ce qu'ils y ont jeté de boutade. C'est au sang-froid à tempérer le délire de l'enthousiasme.

Ce n'est pas l'homme violent qui est hors de lui-même qui dispose de nous; c'est un avantage réservé à l'homme qui se possède. Les grands poëtes dramatiques surtout sont spectateurs assidus de ce qui se passe autour d'eux dans le monde physique et dans le monde moral.

Le Second. Qui n'est qu'un.

Le Premier. Ils saisissent tout ce qui les frappe; ils en font des recueils. C'est de ces recueils formés en eux, à leur insu, que tant de phénomènes rares passent dans leurs ouvrages. Les hommes chauds, violents, sensibles, sont en scène; ils donnent le spectacle, mais ils n'en jouissent pas. C'est d'après eux que l'homme de génie fait sa copie. Les grands poëtes, les grands acteurs, et peut-être en général tous les grands imitateurs de la nature, quels qu'ils soient, doués d'une belle imagination, d'un grand jugement, d'un tact fin, d'un goût très sûr, sont les êtres les moins sensibles. Ils sont également propres à trop de choses ; ils sont trop occupés à regarder, à reconnaître et à imiter, pour être vivement affectés au dedans d'eux-mêmes. Je les vois sans cesse le portefeuille sur les genoux et le crayon à la main.

Nous sentons, nous ; eux, ils observent, étudient et peignent. Le dirai-je ? Pourquoi non ? La sensibilité n'est guère la qualité d'un grand génie. Il aimera la justice ; mais il exercera cette vertu sans en recueillir la douceur. Ce n'est pas son cœur, c'est sa tête qui fait tout. A la moindre circonstance inopinée, l'homme sensible la perd ; il ne sera ni un grand roi, ni un grand ministre, ni un grand capitaine, ni un grand avocat, ni un grand médecin. Remplissez la salle du spectacle de ces pleureurs-là, mais ne m'en placez aucun sur la scène. Voyez les femmes ; elles nous surpassent certainement, et de fort loin, en sensibilité : quelle comparaison d'elles à nous dans les instants de la passion ! Mais autant nous le leur cédons quand elles agissent, autant elles restent au-dessous de nous quand elles imitent. La sensibilité n'est jamais sans faiblesse d'organisation. La larme qui s'échappe de l'homme vraiment homme nous touche plus que tous les pleurs d'une femme. Dans la grande comédie, la comédie du monde, celle à laquelle j'en reviens toujours, toutes les âmes chaudes occupent le théâtre ; tous les hommes de génie sont au parterre. Les premiers s'appellent des fous ; les seconds, qui s'occupent à copier leurs folies, s'appellent des sages. C'est l'œil du sage qui saisit le ridicule de tant de personnages divers, qui le peint, et qui vous fait rire et de ces fâcheux originaux dont vous avez été la victime, et de vous-même. C'est lui qui vous observait, et qui traçait la copie comique et du fâcheux et de votre supplice.

Ces vérités seraient démontrées que les grands comédiens n'en conviendraient pas; c'est leur secret. Les acteurs médiocres ou novices sont faits pour les rejeter, et l'on pourrait dire de quelques autres qu'ils croient sentir, comme on a dit du superstitieux, qu'il croit croire; et que sans la foi pour celui-ci, et sans la sensibilité pour celui-là, il n'y a point de salut.

Mais quoi? dira-t-on, ces accents si plaintifs, si douloureux, que cette mère arrache du fond de ses entrailles, et dont les miennes sont si violemment secouées, ce n'est pas le sentiment actuel qui les produit, ce n'est pas le désespoir qui les inspire? Nullement; et la preuve, c'est qu'ils sont mesurés; qu'ils font partie d'un système de déclamation; que plus bas ou plus aigus de la vingtième partie d'un quart de ton, ils sont faux; qu'ils sont soumis à une loi d'unité; qu'ils sont, comme dans l'harmonie, préparés et sauvés; qu'ils ne satisfont à toutes les conditions requises que par une longue étude; qu'ils concourent à la solution d'un problème proposé; que pour être poussés juste, ils ont été répétés cent fois, et que malgré ces fréquentes répétitions, on les manque encore; c'est qu'avant de dire:

> Zaïre, vous pleurez!

ou,

> Vous y serez, ma fille,

l'acteur s'est longtemps écouté lui-même; c'est qu'il s'écoute au moment où il vous trouble, et que tout son talent consiste non pas à sentir, comme vous le supposez, mais à rendre si scrupuleusement les signes extérieurs du sentiment, que vous vous y trompiez. Les cris de sa douleur sont notés dans son oreille. Les gestes de son désespoir sont de mémoire, et ont été préparés devant une glace. Il sait le moment précis où il tirera son mouchoir et où les larmes couleront; attendez-les à ce mot, à cette syllabe, ni plus tôt ni plus taid. Ce tremblement de la voix, ces mots suspendus, ces sons étouffés ou traînés, ce frémissement des membres, ce vacillement des genoux, ces évanouissements, ces fureurs, pure imitation, leçon recordée d'avance, grimace pathétique, singerie sublime dont l'acteur garde le souvenir longtemps après l'avoir étudiée, dont il avait la conscience présente au moment où il l'exécutait, qui lui laisse, heureusement pour le poëte, pour le spectateur et pour lui, toute la liberté de son esprit, et qui ne lui ôte, ainsi que les autres exercices, que la force du corps. Le socque ou le cothurne déposé, sa voix est éteinte, il éprouve une extrême fatigue, il va changer de linge ou se coucher; mais il ne lui reste ni trouble, ni douleur, ni mélancolie, ni affaissement d'âme. C'est vous qui remportez toutes ces impressions. L'acteur est las, et vous tristes; c'est qu'il s'est démené sans rien sentir, et que vous avez senti sans vous démener. S'il en était autrement, la condition du comédien serait la plus malheureuse des conditions; mais il n'est pas le personnage, il le joue et le joue si bien que vous le prenez pour tel: l'illusion n'est que pour vous; il sait bien, lui, qu'il ne l'est pas.

Des sensibilités diverses, qui se concertent entre elles pour obtenir le plus grand effet possible, qui se diapasonnent, qui s'affaiblissent, qui se fortifient, qui se nuancent pour former un tout qui soit un, cela me fait rire. J'insiste donc, et je dis : " C'est l'extrême sensibilité qui fait les acteurs médiocres; c'est la sensibilité médiocre qui fait la multitude des mauvais acteurs; et c'est le manque absolu de sensibilité qui prépare les acteurs sublimes." Les larmes du comédien descendent de son cerveau; celles de l'homme sensible montent de son cœur : ce sont les entrailles qui troublent sans mesure la tête de l'homme sensible; c'est la tête du comédien qui porte quelquefois un trouble passager dans ses entrailles; il pleure comme un prêtre incrédule qui prêche la Passion; comme un séducteur aux genoux d'une femme qu'il n'aime pas, mais qu'il veut tromper; comme un gueux dans la rue ou à la porte d'une église, qui vous injurie lorsqu'il désespère de vous toucher; ou comme une courtisane qui ne sent rien, mais qui se pâme entre vos bras.

Avez-vous jamais réfléchi à la différence des larmes excitées par un événement tragique et des larmes excitées par un récit pathétique? On entend raconter une belle chose: peu à peu la tête s'embarrasse, les entrailles s'émeuvent, et les larmes coulent. Au contraire, à l'aspect d'un accident tragique, l'objet, la sensation et l'effet se touchent; en un instant, les entrailles s'émeuvent, on pousse un cri, la tête se perd, et les larmes coulent; celles-ci viennent subitement; les autres sont amenées. Voilà l'avantage d'un coup de théâtre naturel et vrai sur une scène éloquente, il opère brusquement ce que la scène fait attendre; mais l'illusion en est beaucoup plus difficile à produire; un incident faux, mal rendu, la détruit. Les accents s'imitent mieux que les mouvements, mais les mouvements frappent plus violemment. Voilà le fondement d'une loi à laquelle je ne crois pas qu'il y ait d'exception, c'est de dénouer par une action et non par un récit, sous peine d'être froid.

Eh bien, n'avez-vous rien à m'objecter? Je vous entends; vous faites un récit en société; vos entrailles s'émeuvent, votre voix s'entrecoupe, vous pleurez. Vous avez, dites-vous, senti et très vivement senti. J'en conviens; mais vous y êtes-vous préparé? Non. Parliez-vous en vers? Non. Cependant vous entraîniez, vous étonniez, vous touchiez, vous produisiez un grand effet. Il est vrai. Mais portez au théâtre votre ton familier, votre expression simple, votre maintien domestique, votre geste naturel, et vous verrez combien vous serez pauvre et faible. Vous aurez beau verser des pleurs, vous serez ridicule, on rira. Ce ne sera pas une tragédie, ce sera une parade tragique que vous jouerez. Croyez-vous que les scènes de Corneille, de Racine, de Voltaire, même de Shakespeare, puissent se débiter avec votre voix de conversation et le ton du coin de votre âtre? Pas plus que l'histoire du coin de votre âtre avec l'emphase et l'ouverture de bouche du théâtre.

Le Second. C'est que peut-être Racine et Corneille, tout grands hommes qu'ils étaient, n'ont rien fait qui vaille.

Le Premier. Quel blasphème! Qui est-ce qui oserait le proférer? Qui est-ce qui oserait y applaudir? Les choses familières de Corneille ne peuvent pas même se dire d'un ton familier.

Mais une expérience que vous aurez cent fois répétée, c'est qu'à la fin de votre récit, au milieu du trouble et de l'émotion que vous avez jetés dans votre petit auditoire de salon, il survient un nouveau personnage dont il faut satisfaire la curiosité. Vous ne le pouvez plus, votre âme est épuisée, il ne vous reste ni sensibilité, ni chaleur, ni larmes. Pourquoi l'acteur n'éprouve-t-il pas le même affaissement? C'est qu'il y a bien de la différence de l'intérêt qu'il prend à un conte fait à plaisir et de l'intérêt que vous inspire le malheur de votre voisin. Êtes-vous Cinna? Avez-vous jamais été Cléopâtre, Mérope, Agrippine? Que vous importent ces gens-là? La Cléopâtre, la Mérope, l'Agrippine, le Cinna du théâtre, sont-ils même des personnages historiques? Non. Ce sont les fantômes imaginaires de la poésie; je dis trop: ce sont des spectres de la façon particulière de tel ou tel poëte. Laissez ces espèces d'hippogriffes sur la scène avec leurs mouvements, leur allure et leurs cris; ils figureraient mal dans l'histoire: ils feraient éclater de rire dans un cercle ou une autre assemblée de la société. On se demanderait à l'oreille: Est-ce qu'il est en délire? D'où vient ce Don Quichotte-là? Où fait-on de ces contes-là! Quelle est la planète où l'on parle ainsi?

Le Second. Mais pourquoi ne révoltent-ils pas au théâtre?

Le Premier. C'est qu'ils y sont de convention. C'est une formule donnée par le vieil Eschyle; c'est un protocole de trois mille ans.

Le Second. Et ce protocole a-t-il encore longtemps à durer?

Le Premier. Je l'ignore. Tout ce que je sais, c'est qu'on s'en écarte à mesure qu'on s'approche de son siècle et de son pays.

Connaissez-vous une situation plus semblable à celle d'Agamemnon dans la première scène d'*Iphi-*

génie, que la situation de Henri IV, lorsque, obsédé de terreurs qui n'étaient que trop fondées, il disait à ses familiers : " Ils me tueront, rien n'est plus certain ; ils me tueront ? " Supposez que cet excellent homme, ce grand et malheureux monarque, tourmenté la nuit de ce pressentiment funeste, se lève et s'en aille frapper à la porte de Sully, son ministre et son ami ; croyez-vous qu'il y eût un poëte assez absurde pour faire dire à Henri :

Oui, c'est Henri, c'est ton roi qui t'éveille.
Viens, reconnais la voix qui frappe ton oreille.

et faire répondre à Sully :

C'est vous-même, seigneur ! Quel important besoin
Vous a fait devancer l'aurore de si loin ?
A peine un faible jour vous éclaire et me guide.
Vos yeux seuls et les miens sont ouverts !

Le Second. C'était peut-être là le vrai langage d'Agamemnon.

Le Premier. Pas plus que celui de Henri IV. C'est celui d'Homère, c'est celui de Racine, c'est celui de la poésie ; et ce langage pompeux ne peut être employé que par des êtres inconnus, et parlé par des bouches poétiques avec un ton poétique.

Réfléchissez un moment sur ce qu'on appelle au théâtre *être vrai*. Est-ce y montrer les choses comme elles sont en nature ? Aucunement. Le vrai en ce sens ne serait que le commun. Qu'est-ce donc que le vrai de la scène ? C'est la conformité des actions, des discours, de la figure, de la voix, du mouvement, du geste, avec un modèle idéal imaginé par le poëte, et souvent exagéré par le comédien. Voilà le merveilleux. Ce modèle n'influe pas seulement sur le ton ;

il modifie jusqu'à la démarche, jusqu'au maintien.
De là vient que le comédien dans la rue ou sur la
scène sont deux personnages si différents, qu'on a
peine à les reconnaître. La première fois que je vis
Mlle Clairon chez elle, je m'écriai tout naturellement:
"*Ah! mademoiselle, je vous croyais de toute la tête plus
grande.*"

Une femme malheureuse, et vraiment malheureuse,
pleure et ne vous touche point: il y a pis, c'est qu'un
trait léger qui la défigure vous fait rire; c'est qu'un
accent qui lui est propre dissone à votre oreille et
vous blesse; c'est qu'un mouvement qui lui est
habituel vous montre sa douleur ignoble et maussade;
c'est que les passions outrées sont presque toutes
sujettes à des grimaces que l'artiste sans goût copie
servilement, mais que le grand artiste évite. Nous
voulons qu'au plus fort des tourments l'homme garde
le caractère d'homme, la dignité de son espèce. Quel
est l'effet de cet effort héroïque? De distraire de la
douleur et de la tempérer. Nous voulons que cette
femme tombe avec décence, avec mollesse, et que ce
héros meure comme le gladiateur ancien, au milieu
de l'arène, aux applaudissements du cirque, avec
grâce, avec noblesse, dans une attitude élégante et
pittoresque. Qui est-ce qui remplira notre attente?
Sera-ce l'athlète que la douleur subjugue et que la
sensibilité décompose? Ou l'athlète académisé qui
se possède et pratique les leçons de la gymnastique
en rendant le dernier soupir? Le gladiateur ancien,
comme un grand comédien, un grand comédien, ainsi
que le gladiateur ancien, ne meurent pas comme on
meurt sur un lit, mais sont tenus de nous jouer une
autre mort pour nous plaire, et le spectateur délicat

sentirait que la vérité nue, l'action dénuée de tout apprêt serait mesquine et contrasterait avec la poésie du reste.

Ce n'est pas que la pure nature n'ait ses moments sublimes; mais je pense que s'il est quelqu'un sûr de saisir et de conserver leur sublimité, c'est celui qui les aura pressentis d'imagination ou de génie, et qui les rendra de sang-froid.

Cependant je ne nierais pas qu'il n'y eût une sorte de mobilité d'entrailles acquise ou factice; mais si vous m'en demandez mon avis, je la crois presque aussi dangereuse que la sensibilité naturelle. Elle doit conduire peu à peu l'acteur à la manière et à la monotonie. C'est un élément contraire à la diversité des fonctions d'un grand comédien; il est souvent obligé de s'en dépouiller, et cette abnégation de soi n'est possible qu'à une tête de fer. Encore vaudrait-il mieux, pour la facilité et le succès des études, l'universalité du talent et la perfection du jeu, n'avoir point à faire cette incompréhensible distraction de soi d'avec soi, dont l'extrême difficulté bornant chaque comédien à un seul rôle, condamne les troupes à être très nombreuses, ou presque toutes les pièces à être mal jouées, à moins que l'on ne renverse l'ordre des choses, et que les pièces ne se fassent pour les acteurs, qui, ce me semble, devraient tout au contraire être faits pour les pièces.

LE SECOND. Mais si une foule d'hommes attroupés dans la rue par quelque catastrophe viennent à déployer subitement, et chacun à sa manière, leur sensibilité naturelle, sans s'être concertés, ils créeront un spectacle merveilleux, mille modèles précieux pour la sculpture, la peinture, la musique et la poésie.

LE PREMIER. Il est vrai. Mais ce spectacle serait-il à comparer avec celui qui résulterait d'un accord bien entendu, de cette harmonie que l'artiste y introduira lorsqu'il le transportera du carrefour sur la scène ou sur la toile? Si vous le prétendez, quelle est donc, vous répliquerai-je, cette magie de l'art si vantée, puisqu'elle se réduit à gâter ce que la brute nature et un arrangement fortuit avaient mieux fait qu'elle? Niez-vous qu'on n'embellisse la nature? N'avez-vous jamais loué une femme en disant qu'elle était belle comme une *Vierge* de Raphaël? A la vue d'un beau paysage, ne vous êtes-vous pas écrié qu'il était romanesque? D'ailleurs vous me parlez d'une chose réelle, et moi je vous parle d'une imitation; vous me parlez d'un instant fugitif de la nature, et moi je vous parle d'un ouvrage de l'art, projeté, suivi, qui a ses progrès et sa durée. Prenez chacun de ces acteurs, faites varier la scène dans la rue comme au théâtre, et montrez-moi vos personnages successivement, isolés, deux à deux, trois à trois; abandonnez-les à leurs propres mouvements; qu'ils soient maîtres absolus de leurs actions, et vous verrez l'étrange cacophonie qui en résultera. Pour obvier à ce défaut, les faites-vous répéter ensemble? Adieu leur sensibilité naturelle, et tant mieux.

Il en est du spectacle comme d'une société bien ordonnée, où chacun sacrifie de ses droits pour le bien de l'ensemble et du tout. Qui est-ce qui appréciera le mieux la mesure de ce sacrifice? Sera-ce l'enthousiaste? Le fanatique? Non, certes. Dans la société, ce sera l'homme juste; au théâtre, le comédien qui aura la tête froide. Votre scène des rues est à la scène dramatique comme une horde de sauvages à une assemblée d'hommes civilisés.

C'est ici le lieu de vous parler de l'influence perfide

d'un médiocre partenaire sur un excellent comédien.
Celui-ci a conçu grandement, mais il sera forcé de
renoncer à son modèle idéal pour se mettre au niveau
du pauvre diable avec qui il est en scène. Il se passe
alors d'étude et de bon jugement: ce qui se fait d'instinct à la promenade ou au coin du feu, celui qui
parle abaisse le ton de son interlocuteur. Ou si vous
aimez mieux une autre comparaison, c'est comme au
whist, où vous perdrez une portion de votre habileté,
si vous ne pouvez pas compter sur votre joueur. Il y
a plus: la Clairon vous dira, quand vous voudrez,
que Le Kain, par méchanceté, la rendait mauvaise
ou médiocre, à discrétion; et que, de représailles,
elle l'exposait quelquefois aux sifflets. Qu'est-ce donc
que deux comédiens qui se soutiennent mutuellement?
Deux personnages dont les modèles ont, proportion
gardée, ou l'égalité, ou la subordination qui convient
aux circonstances où le poëte les a placés, sans quoi
l'un sera trop fort ou trop faible; et pour sauver cette
dissonance, le fort élèvera rarement le faible à sa
hauteur; mais, de réflexion, il descendra à sa petitesse.
Et savez-vous l'objet de ces répétitions si multipliées?
C'est d'établir une balance entre les talents divers
des acteurs, de manière qu'il en résulte une action
générale qui soit une; et lorsque l'orgueil de l'un
d'entre eux se refuse à cette balance, c'est toujours
aux dépens de la perfection du tout, au détriment de
votre plaisir; car il est rare que l'excellence d'un seul
vous dédommage de la médiocrité des autres qu'elle
fait ressortir. J'ai vu quelquefois la personnalité d'un
grand acteur punie; c'est lorsque le public prononçait
sottement qu'il était outré, au lieu de sentir que son
partenaire était faible.

A présent vous êtes poëte: vous avez une pièce à
faire jouer, et je vous laisse le choix ou d'acteurs à
profond jugement et à tête froide, ou d'acteurs
sensibles. Mais avant de vous décider, permettez
que je vous fasse une question. A quel âge est-on
grand comédien? Est-ce à l'âge où l'on est plein de
feu, où le sang bouillonne dans les veines, où le choc
le plus léger porte le trouble au fond des entrailles, où
l'esprit s'enflamme à la moindre étincelle? Il me semble
que non. Celui que la nature a signé comédien,
n'excelle dans son art que quand la longue expérience
est acquise, lorsque la fougue des passions est tombée,
lorsque la tête est calme, et que l'âme se possède. Le
vin de la meilleure qualité est âpre et bourru lorsqu'il
fermente; c'est par un long séjour dans la tonne qu'il
devient généreux. Cicéron, Sénèque et Plutarque me
représentent les trois âges de l'homme qui compose:
Cicéron n'est souvent qu'un feu de paille qui réjouit
mes yeux; Sénèque un feu de sarment qui les blesse;
au lieu que si je remue les cendres du vieux Plutarque,
j'y découvre les gros charbons d'un brasier qui
m'échauffent doucement.

Baron jouait, à soixante ans passés, le comte d'Essex,
Xipharès, Britannicus, et les jouait bien. La Gaussin
enchantait, dans *l'Oracle* et *la Pupille*, à cinquante ans.

Le Second. Elle n'avait guère le visage de son
rôle.

Le Premier. Il est vrai; et c'est là peut-être un
des obstacles insurmontables à l'excellence d'un
spectacle. Il faut s'être promené de longues années
sur les planches, et le rôle exige quelquefois la première jeunesse. S'il s'est trouvé une actrice de dix-
sept ans, capable du rôle de Monime, de Didon, de

Pulchérie, d'Hermione, c'est un prodige qu'on ne reverra plus. Cependant un vieux comédien n'est ridicule que quand les forces l'ont tout à fait abandonné, ou que la supériorité de son jeu ne sauve pas le contraste de sa vieillesse et de son rôle. Il en est au théâtre comme dans la société, où l'on ne reproche la galanterie à une femme que quand elle n'a ni assez de talents, ni assez d'autres vertus pour couvrir un vice.

De nos jours, la Clairon et Molé ont, en débutant, joué à peu près comme des automates, ensuite ils se sont montrés de vrais comédiens. Comment cela s'est-il fait? Est-ce que l'âme, la sensibilité, les entrailles leur sont venues à mesure qu'ils avançaient en âge?

Il n'y a qu'un moment, après dix ans d'absence du théâtre, la Clairon voulut y reparaître; si elle joua médiocrement, est-ce qu'elle avait perdu son âme, sa sensibilité, ses entrailles? Aucunement; mais bien la mémoire de ses rôles. J'en appelle à l'avenir.

LE SECOND. Quoi, vous croyez qu'elle nous reviendra?

LE PREMIER. Ou qu'elle périra d'ennui; car que voulez-vous qu'on mette à la place de l'applaudissement public et d'une grande passion? Si cet acteur, si cette actrice étaient profondément pénétrés, comme on le suppose, dites-moi si l'un penserait à jeter un coup d'œil sur les loges, l'autre à diriger un sourire vers la coulisse, presque tous à parler au parterre, et si l'on irait aux foyers interrompre les ris immodérés d'un troisième, et l'avertir qu'il est temps de venir se poignarder?

Mais il me prend envie de vous ébaucher une scène

entre un comédien et sa femme qui se détestaient;
scène d'amants tendres et passionnés; scène jouée
publiquement sur les planches, telle que je vais vous
la rendre et peut-être un peu mieux; scène où deux
acteurs ne parurent jamais plus fortement à leurs
rôles; scène où ils enlevèrent les applaudissements
continus du parterre et des loges; scène que nos
battements de mains et nos cris d'admiration inter-
rompirent dix fois. C'est la troisième du quatrième
acte du *Dépit amoureux* de Molière, leur triomphe.

Le comédien ÉRASTE, amant de Lucile.

LUCILE, maîtresse d'Éraste et femme du comédien.

LE COMÉDIEN

Non, non, ne croyez pas, madame,
Que je revienne encor vous parler de ma flamme.

La comédienne. Je vous le conseille.

C'en est fait;
Je l'espère.

Je me veux guérir, et connais bien
Ce que de votre cœur a possédé le mien.

Plus que vous n'en méritiez.

Un courroux si constant pour l'ombre d'une offense

Vous, m'offenser! je ne vous fais pas cet honneur.

M'a trop bien éclairci de votre indifférence;
Et je dois vous montrer que les traits du mépris

Le plus profond.

Sont sensibles surtout aux généreux esprits.

Oui, aux généreux.

Je l'avouerai, mes yeux observaient dans les vôtres
Des charmes qu'ils n'ont point trouvés dans tous les
autres.

Ce n'est pas faute d'en avoir vu.

Et le ravissement où j'étais de mes fers
Les aurait préférés à des sceptres offerts.

Vous en avez fait meilleur marché.

Je vivais tout en vous;

Cela est faux, et vous en avez menti.

Et, je l'avouerai même,
Peut-être qu'après tout j'aurai, quoique outragé,
Assez de peine encore à m'en voir dégagé.

Cela serait fâcheux.

Possible que, malgré la cure qu'elle essaie,
Mon âme saignera longtemps de cette plaie,

Ne craignez rien; la gangrène y est.

Et qu'affranchi d'un joug qui faisait tout mon bien,
Il faudra me résoudre à n'aimer jamais rien.

Vous trouverez du retour.

Mais enfin il n'importe; et puisque votre haine
Chasse un cœur tant de fois que l'amour vous ramène,
C'est la dernière ici des importunités
Que vous aurez jamais de mes vœux rebutés.

LA COMÉDIENNE

Vous pouvez faire aux miens la grâce tout entière,
Monsieur, et m'épargner encor cette dernière.

Le comédien. Mon cœur, vous êtes une insolente,
et vous vous en repentirez.

LE COMÉDIEN

Eh bien, madame, eh bien! ils seront satisfaits.
Je romps avecque vous, et j'y romps pour jamais.
Puisque vous le voulez, que je perde la vie,
Lorsque de vous parler je reprendrai l'envie.

LA COMÉDIENNE

Tant mieux, c'est m'obliger.

LE COMÉDIEN

Non, non, n'ayez pas peur

La comédienne. Je ne vous crains pas.

Que je fausse parole; eussé-je un faible cœur,
Jusques à n'en pouvoir effacer votre image,
Croyez que vous n'aurez jamais cet avantage

C'est le malheur que vous voulez dire.

De me voir revenir.

LA COMÉDIENNE

Ce serait bien en vain.

Le comédien. Ma mie, vous êtes une fieffée gueuse,
à qui j'apprendrai à parler.

LE COMÉDIEN

Moi-même de cent coups je percerais mon sein,

La comédienne. Plût à Dieu!

Si j'avais jamais fait cette bassesse insigne,

Pourquoi pas celle-là, après tant d'autres?

De vous revoir, après ce traitement indigne.

LA COMÉDIENNE

Soit; n'en parlons donc plus.

Et ainsi du reste. Après cette double scène, l'une
d'amants, l'autre d'époux, lorsque Éraste reconduisait
sa maîtresse Lucile dans la coulisse, il lui serrait le
bras d'une violence à arracher la chair à sa chère
femme, et répondait à ses cris par les propos les plus
insultants et les plus amers.

Le Second. Si j'avais entendu ces deux scènes simultanées, je crois que de ma vie je n'aurais remis le pied au spectacle.

Le Premier. Si vous prétendez que cet acteur et cette actrice ont senti, je vous demanderai si c'est dans la scène des amants, ou dans la scène des époux, ou dans l'une et l'autre? Mais écoutez la scène suivante entre la même comédienne et un autre acteur, son amant.

Tandis que l'amant parle, la comédienne dit de son mari: "C'est un indigne, il m'a appelée...; je n'oserais vous le répéter."

Tandis qu'elle répond, son amant lui répond: "Est-ce que vous n'y êtes pas faite?" Et ainsi de couplet en couplet.

"Ne soupons-nous pas ce soir? — Je le voudrais bien; mais comment s'échapper? — C'est votre affaire. — S'il vient à le savoir? — Il n'en sera ni plus ni moins, et nous aurons par devers nous une soirée douce. — Qui aurons-nous? — Qui vous voudrez. — Mais d'abord le chevalier, qui est de fondation. — A propos du chevalier, savez-vous qu'il ne tiendrait qu'à moi d'en être jaloux? — Et qu'à moi que vous eussiez raison?"

C'est ainsi que ces êtres si sensibles vous paraissaient tout entiers à la scène haute que vous entendiez, tandis qu'ils n'étaient vraiment qu'à la scène basse que vous n'entendiez pas; et vous vous écriiez: "Il faut avouer que cette femme est une actrice charmante; que personne ne sait écouter comme elle, et qu'elle joue avec une intelligence, une grâce, un intérêt, une finesse, une sensibilité peu commune." Et moi, je riais de vos exclamations.

Cependant cette actrice trompe son mari avec un autre acteur, cet acteur avec le chevalier, et le chevalier avec un troisième, que le chevalier surprend entre ses bras. Celui-ci a médité une grande vengeance. Il se placera aux balcons, sur les gradins les plus bas. (Alors le comte de Lauraguais n'en avait pas encore débarrassé notre scène.) Là, il s'est promis de déconcerter l'infidèle par sa présence et par ses regards méprisants, de la troubler et de l'exposer aux huées du parterre. La pièce commence; sa traîtresse paraît; elle aperçoit le chevalier; et, sans s'ébranler dans son jeu, elle lui dit en souriant: "Fi! le vilain boudeur qui se fâche pour rien." Le chevalier sourit à son tour. Elle continue: "Vous venez ce soir?" Il se tait. Elle ajoute: "Finissons cette plate querelle, et faites avancer votre carrosse." Et savez-vous dans quelle scène on intercalait celle-ci? Dans une des plus touchantes de La Chaussée, où cette comédienne sanglotait et nous faisait pleurer à chaudes larmes. Cela vous confond; et c'est pourtant l'exacte vérité.

Le Second. C'est à me dégoûter du théâtre.

Le Premier. Et pourquoi? Si ces gens-là n'étaient pas capables de ces tours de force, c'est alors qu'il n'y faudrait pas aller. Ce que je vais vous raconter, je l'ai vu.

Garrick passe sa tête entre les deux battants d'une porte, et, dans l'intervalle de quatre à cinq secondes, son visage passe successivement de la joie folle à la joie modérée, de cette joie à la tranquillité, de la tranquillité à la surprise, de la surprise à l'étonnement, de l'étonnement à la tristesse, de la tristesse à l'abattement, de l'abattement à l'effroi, de l'effroi à l'horreur, de l'horreur au désespoir, et remonte de ce dernier

degré à celui d'où il était descendu. Est-ce que son
âme a pu éprouver toutes ces sensations et exécuter, de
concert avec son visage, cette espèce de gamme? Je
n'en crois rien, ni vous non plus. Si vous demandiez
à cet homme célèbre, qui lui seul mériterait autant
qu'on fît le voyage d'Angleterre que tous les restes
de Rome méritent qu'on fasse le voyage d'Italie; si
vous lui demandiez, dis-je, la scène du Petit Garçon
pâtissier, il vous la jouait; si vous lui demandiez tout
de suite la scène d'Hamlet, il vous la jouait, également
prêt à pleurer la chute de ses petits pâtés et à suivre
dans l'air le chemin d'un poignard. Est-ce qu'on rit,
est-ce qu'on pleure à discrétion? On en fait la grimace
plus ou moins fidèle, plus ou moins trompeuse, selon
qu'on est ou qu'on n'est pas Garrick.

Je persifle quelquefois, et même avec assez de vérité,
pour en imposer aux hommes du monde les plus
déliés. Lorsque je me désole de la mort simulée de ma
sœur dans la scène avec l'avocat bas-normand; lorsque,
dans la scène avec le premier commis de la marine,
je m'accuse d'avoir fait un enfant à la femme d'un
capitaine de vaisseau, j'ai tout à fait l'air d'éprouver
de la douleur et de la honte; mais suis-je affligé? suis-je
honteux? Pas plus dans ma petite comédie que dans
la société, où j'avais fait ces deux rôles avant de les
introduire dans un ouvrage de théâtre. Qu'est-ce donc
qu'un grand comédien? Un grand persifleur tragique
ou comique, à qui le poëte a dicté son discours.

Sedaine donne *le Philosophe sans le savoir*. Je m'in-
téressais plus vivement que lui au succès de la pièce;
la jalousie de talents est un vice qui m'est étranger,
j'en ai assez d'autres sans celui-là: j'atteste tous mes
confrères en littérature, lorsqu'ils ont daigné quelque-

fois me consulter sur leurs ouvrages, si je n'ai pas fait tout ce qui dépendait de moi pour répondre dignement à cette marque distinguée de leur estime? *Le Philosophe sans le savoir* chancelle à la première, à la seconde représentation, et j'en suis bien affligé; à la troisième, il va aux nues, et j'en suis transporté de joie. Le lendemain matin je me jette dans un fiacre, je cours après Sedaine; c'était en hiver, il faisait le froid le plus rigoureux; je vais partout où j'espère le trouver. J'apprends qu'il est au fond du faubourg Saint-Antoine, je m'y fais conduire. Je l'aborde; je jette mes bras autour de son cou; la voix me manque, et les larmes me coulent le long des joues. Voilà l'homme sensible et médiocre. Sedaine, immobile et froid, me regarde et me dit: "*Ah! Monsieur Diderot, que vous êtes beau!*" Voilà l'observateur et l'homme de génie.

Ce fait, je le racontais un jour à table, chez un homme que ses talents supérieurs destinaient à occuper la place la plus importante de l'État, chez M. Necker; il y avait un assez grand nombre de gens de lettres, entre lesquels Marmontel, que j'aime et à qui je suis cher. Celui-ci me dit ironiquement: "Vous verrez que lorsque Voltaire se désole au simple récit d'un trait pathétique et que Sedaine garde son sang-froid à la vue d'un ami qui fond en larmes, c'est Voltaire qui est l'homme ordinaire et Sedaine l'homme de génie!" Cette apostrophe me déconcerte et me réduit au silence, parce que l'homme sensible, comme moi, tout entier à ce qu'on lui objecte, perd la tête et ne se retrouve qu'au bas de l'escalier. Un autre, froid et maître de lui-même, aurait répondu à Marmontel: "Votre réflexion serait mieux dans une autre bouche que la vôtre, parce que vous ne sentez pas plus que Sedaine et que vous faites aussi de fort belles choses, et que, courant la même carrière que lui, vous pouviez laisser à votre voisin le soin d'apprécier impartialement son mérite. Mais sans vouloir préférer Sedaine à Voltaire, ni Voltaire à Sedaine, pourriez-vous me dire ce qui serait sorti de la tête de l'auteur du *Philosophe sans le savoir*, du *Déserteur* et de *Paris sauvé*, si, au lieu de passer trente-cinq ans de sa vie à gâcher le plâtre et à couper la pierre, il eût employé tout ce temps, comme Voltaire, vous et moi, à lire et à méditer Homère, Virgile, le Tasse, Cicéron, Démosthène et Tacite? Nous ne saurons jamais voir comme lui, et il aurait appris à dire comme nous. Je le regarde comme un des arrière-neveux de Shakespeare; ce Shakespeare, que je ne comparerai ni à l'Apollon du Belvédère, ni au Gladiateur, ni à l'Antinoüs, ni à l'Hercule de Glycon, mais bien au saint Christophe de Notre-Dame, colosse informe, grossièrement sculpté, mais entre les jambes duquel nous passerions tous sans que notre front touchât à ses parties honteuses."

Mais un autre trait où je vous montrerai un personnage dans un moment rendu plat et sot par sa sensibilité, et dans le moment suivant sublime par le sang-froid qui succéda à la sensibilité étouffée, le voici:

Un littérateur, dont je tairai le nom, était tombé dans l'extrême indigence. Il avait un frère, théologal et riche. Je demandai à l'indigent pourquoi son frère ne le secourait pas. C'est, me répondit-il, que j'ai de grands torts avec lui. J'obtins de celui-ci la permission d'aller voir M. le théologal. J'y vais. On

m'annonce; j'entre. Je dis au théologal que je vais
lui parler de son frère. Il me prend brusquement
par la main, me fait asseoir et m'observe qu'il est
d'un homme sensé de connaître celui dont il se charge
de plaider la cause; puis, m'apostrophant avec force:
"Connaissez-vous mon frère? — Je le crois. — Êtes-
vous instruit de ses procédés à mon égard? — Je le
crois. — Vous le croyez? Vous savez donc?" Et
voilà mon théologal qui me débite, avec une rapidité
et une véhémence surprenante, une suite d'actions
plus atroces, plus révoltantes les unes que les autres.
Ma tête s'embarrasse, je me sens accablé; je perds le
courage de défendre un aussi abominable monstre que
celui qu'on me dépeignait. Heureusement mon
théologal, un peu prolixe dans sa philippique, me
laissa le temps de me remettre; peu à peu l'homme
sensible se retira et fit place à l'homme éloquent, car
j'oserai dire que je le fus dans l'occasion. "Monsieur,
dis-je froidement au théologal, votre frère a fait pis,
et je vous loue de me celer le plus criant de ses for-
faits. — Je ne cèle rien. — Vous auriez pu ajouter à
tout ce que vous m'avez dit, qu'une nuit, comme vous
sortiez de chez vous pour aller à matines, il vous avait
saisi à la gorge, et que tirant un couteau qu'il tenait
caché sous son habit, il avait été sur le point de vous
l'enfoncer dans le sein. — Il en est bien capable; mais
si je ne l'en ai pas accusé, c'est que cela n'est pas
vrai..." Et moi, me levant subitement, et attachant
sur mon théologal un regard ferme et sévère, je
m'écriai d'une voix tonnante, avec toute la véhémence
et l'emphase de l'indignation: "Et quand cela serait
vrai, est-ce qu'il ne faudrait pas encore donner du
pain à votre frère?" Le théologal, écrasé, terrassé,

confondu, reste muet, se promène, revient à moi et m'accorde une pension annuelle pour son frère.

Est-ce au moment où vous venez de perdre votre ami ou votre maîtresse que vous composerez un poëme sur sa mort? Non. Malheur à celui qui jouit alors de son talent! C'est lorsque la grande douleur est passée, quand l'extrême sensibilité est amortie, lorsqu'on est loin de la catastrophe, que l'âme est calme, qu'on se rappelle son bonheur éclipsé, qu'on est capable d'apprécier la perte qu'on a faite, que la mémoire se réunit à l'imagination, l'une pour retracer, l'autre pour exagérer la douceur d'un temps passé; qu'on se possède et qu'on parle bien. On dit qu'on pleure, mais on ne pleure pas lorsqu'on poursuit une épithète énergique qui se refuse; on dit qu'on pleure, mais on ne pleure pas lorsqu'on s'occupe à rendre son vers harmonieux: ou si les larmes coulent, la plume tombe des mains, on se livre à son sentiment et l'on cesse de composer.

Mais il en est des plaisirs violents ainsi que des peines profondes; ils sont muets. Un ami tendre et sensible revoit un ami qu'il avait perdu par une longue absence; celui-ci reparaît dans un moment inattendu, et aussitôt le cœur du premier se trouble: il court, il embrasse, il veut parler; il ne saurait: il bégaye des mots entrecoupés, il ne sait ce qu'il dit, il n'entend rien de ce qu'on lui répond; s'il pouvait s'apercevoir que son délire n'est pas partagé, combien il souffrirait! Jugez par la vérité de cette peinture, de la fausseté de ces entrevues théâtrales où deux amis ont tant d'esprit et se possèdent si bien. Que ne vous dirais-je pas de ces insipides et éloquentes disputes à qui mourra ou plutôt à qui ne mourra pas, si ce texte, sur lequel je ne finirais point, ne nous éloignait de notre sujet? C'en est assez pour les gens d'un goût grand et vrai; ce que j'ajouterais n'apprendrait rien aux autres. Mais qui est-ce qui sauvera ces absurdités si communes au théâtre? Le comédien, et quel comédien?

Il est mille circonstances pour une où la sensibilité est aussi nuisible dans la société que sur la scène. Voilà deux amants, ils ont l'un et l'autre une déclaration à faire. Quel est celui qui s'en tirera le mieux? Ce n'est pas moi. Je m'en souviens, je n'approchais de l'objet aimé qu'en tremblant; le cœur me battait, mes idées se brouillaient; ma voix s'embarrassait, j'estropiais tout ce que je disais; je répondais *non* quand il fallait répondre *oui*; je commettais mille gaucheries, des maladresses sans fin; j'étais ridicule de la tête aux pieds, je m'en apercevais, je n'en devenais que plus ridicule. Tandis que, sous mes yeux, un rival gai, plaisant et léger, se possédant, jouissant de lui-même, n'échappant aucune occasion de louer, et de louer finement, amusait, plaisait, était heureux; il sollicitait une main qu'on lui abandonnait, il s'en saisissait quelquefois sans l'avoir sollicitée, il la baisait, il la baisait encore, et moi, retiré dans un coin, détournant mes regards d'un spectacle qui m'irritait, étouffant mes soupirs, faisant craquer mes doigts à force de serrer les poings, accablé de mélancolie, couvert d'une sueur froide, je ne pouvais ni montrer ni celer mon chagrin. On a dit que l'amour, qui ôtait l'esprit à ceux qui en avaient, en donnait à ceux qui n'en avaient pas; c'est-à-dire, en autre français, qu'il rendait les uns sensibles et sots, et les autres froids et entreprenants.

L'homme sensible obéit aux impulsions de la nature et ne rend précisément que le cri de son cœur; au moment où il tempère ou force ce cri, ce n'est plus lui, c'est un comédien qui joue.

Le grand comédien observe les phénomènes; l'homme sensible lui sert de modèle, il le médite, et trouve, de réflexion, ce qu'il faut ajouter ou retrancher pour le mieux. Et puis, des faits encore après des raisons.

A la première représentation d'*Inès de Castro*, à l'endroit où les enfants paraissent, le parterre se mit à rire; la Duclos, qui faisait Inès, indignée, dit au parterre: "Ris donc, sot parterre, au plus bel endroit de la pièce." Le parterre l'entendit, se contint; l'actrice reprit son rôle, et ses larmes et celles du spectateur coulèrent. Quoi donc! est-ce qu'on passe et repasse ainsi d'un sentiment profond à un sentiment profond, de la douleur à l'indignation, de l'indignation à la douleur? Je ne le conçois pas; mais ce que je conçois très bien, c'est que l'indignation de la Duclos était réelle et sa douleur simulée.

Quinault-Dufresne joue le rôle de Sévère dans *Polyeucte*. Il était envoyé par l'empereur Décius pour persécuter les chrétiens. Il confie ses sentiments secrets à son ami sur cette secte calomniée. Le sens commun exigeait que cette confidence, qui pouvait lui coûter la faveur du prince, sa dignité, sa fortune, la liberté et peut-être la vie, se fît à voix basse. Le parterre lui crie: "Plus haut." Il réplique au parterre: "Et vous, messieurs, plus bas." Est-ce que s'il eût été vraiment Sévère, il fût redevenu si prestement Quinault? Non, vous dis-je, non. Il n'y a que l'homme qui se possède comme sans doute il se possédait, l'acteur rare, le comédien par excellence, qui puisse ainsi déposer et reprendre son masque.

Le Kain-Ninias descend dans le tombeau de son père, il y égorge sa mère; il en sort les mains sanglantes. Il est rempli d'horreur, ses membres tressaillent, ses yeux sont égarés, ses cheveux semblent se hérisser sur sa tête. Vous sentez frissonner les vôtres, la terreur vous saisit, vous êtes aussi éperdu que lui. Cependant Le Kain-Ninias pousse du pied vers la coulisse une pendeloque de diamants qui s'était détachée de l'oreille d'une actrice. Et cet acteur-là sent? Cela ne se peut. Direz-vous qu'il est mauvais acteur? Je n'en crois rien. Qu'est-ce donc que Le Kain-Ninias? C'est un homme froid qui ne sent rien, mais qui figure supérieurement la sensibilité. Il a beau s'écrier: "Où suis-je?" Je lui réponds: "Où tu es? Tu le sais bien: tu es sur des planches, et tu pousses du pied une pendeloque vers la coulisse."

Un acteur est pris de passion pour une actrice; une pièce les met par hasard en scène dans un moment de jalousie. La scène y gagnera, si l'acteur est médiocre; elle y perdra, s'il est comédien; alors le grand comédien devient lui et n'est plus le modèle idéal et sublime qu'il s'est fait d'un jaloux. Une preuve qu'alors l'acteur et l'actrice se rabaissent l'un et l'autre à la vie commune, c'est que s'ils gardaient leurs échasses ils se riraient au nez; la jalousie ampoulée et tragique ne leur semblerait souvent qu'une parade de la leur.

LE SECOND. Cependant il y aura des vérités de nature.

Le Premier. Comme il y en a dans la statue du sculpteur qui a rendu fidèlement un mauvais modèle. On admire ces vérités, mais on trouve le tout pauvre et méprisable.

Je dis plus : un moyen sûr de jouer petitement, mesquinement, c'est d'avoir à jouer son propre caractère. Vous êtes un tartuffe, un avare, un misanthrope, vous le jouerez bien ; mais vous ne ferez rien de ce que le poëte a fait ; car il a fait, lui, le Tartuffe, l'Avare et le Misanthrope.

Le Second. Quelle différence mettez-vous donc entre un tartuffe et le Tartuffe ?

Le Premier. Le commis Billard est un tartuffe, l'abbé Grizel est un tartuffe, mais il n'est pas le Tartuffe. Le financier Toinard était un avare, mais il n'était pas l'Avare. L'Avare et le Tartuffe ont été faits d'après tous les Toinards et tous les Grizels du monde ; ce sont leurs traits les plus généraux et les plus marqués, et ce n'est le portrait exact d'aucun ; aussi personne ne s'y reconnaît-il.

Les comédies de verve et même de caractères sont exagérées. La plaisanterie de société est une mousse légère qui s'évapore sur la scène ; la plaisanterie de théâtre est une arme tranchante qui blesserait dans la société. On n'a pas pour des êtres imaginaires le ménagement qu'on doit à des êtres réels.

La satire est d'un tartuffe, et la comédie est du Tartuffe. La satire poursuit un vicieux, la comédie poursuit un vice. S'il n'y avait eu qu'une ou deux Précieuses ridicules, on en aurait pu faire une satire, mais non pas une comédie.

Allez-vous-en chez La Grenée, demandez-lui la *Peinture*, et il croira avoir satisfait à votre demande, lorsqu'il aura placé sur sa toile une femme devant un chevalet, la palette passée dans le pouce et le pinceau à la main. Demandez-lui la *Philosophie*, et il croira l'avoir faite, lorsque, devant un bureau, la nuit, à la lueur d'une lampe, il aura appuyé sur le coude une femme en négligé, échevelée et pensive, qui lit ou qui médite. Demandez-lui la *Poésie*, et il peindra la même femme dont il ceindra la tête d'un laurier, et à la main de laquelle il placera un rouleau. La *Musique*, ce sera encore la même femme avec une lyre au lieu de rouleau. Demandez-lui la *Beauté*, demandez même cette figure à un plus habile que lui, ou je me trompe fort, ou ce dernier se persuadera que vous n'exigez de son art que la figure d'une belle femme. Votre acteur et ce peintre tombent tous deux dans un même défaut, et je leur dirai: "Votre tableau, votre jeu, ne sont que des portraits d'individus fort au-dessous de l'idée générale que le poëte a tracée, et du modèle idéal dont je me promettais la copie. Votre voisine est belle, très belle; d'accord: mais ce n'est pas la Beauté. Il y a aussi loin de votre ouvrage à votre modèle que de votre modèle à l'idéal."

Le Second. Mais ce modèle idéal ne serait-il pas une chimère?

Le Premier. Non.

Le Second. Mais puisqu'il est idéal, il n'existe pas: or, il n'y a rien dans l'entendement qui n'ait été dans la sensation.

Le Premier. Il est vrai. Mais prenons un art à son origine, la sculpture, par exemple. Elle copia le premier modèle qui se présenta. Elle vit ensuite qu'il y avait des modèles moins imparfaits qu'elle préféra. Elle corrigea les défauts grossiers de ceux-ci, puis les défauts moins grossiers, jusqu'à ce que, par une longue suite de travaux, elle atteignît une figure qui n'était plus la nature.

LE SECOND. Et pourquoi?

LE PREMIER. C'est qu'il est impossible que le développement d'une machine aussi compliquée qu'un corps animal soit régulier. Allez aux Tuileries ou aux Champs-Élysées un beau jour de fête; considérez toutes les femmes qui rempliront les allées, et vous n'en trouverez pas une seule qui ait les deux coins de la bouche parfaitement semblables. La Danaé du Titien est un portrait; l'Amour, placé au pied de sa couche, est idéal. Dans un tableau de Raphaël, qui a passé de la galerie de M. de Thiers dans celle de Catherine II, le saint Joseph est une nature commune; la Vierge est une belle femme réelle; l'enfant Jésus est idéal. Mais si vous en voulez savoir davantage sur ces principes spéculatifs de l'art, je vous communiquerai mes Salons.

LE SECOND. J'en ai entendu parler avec éloge par un homme d'un goût fin et d'un esprit délicat.

LE PREMIER. M. Suard.

LE SECOND. Et par une femme qui possède tout ce que la pureté d'une âme angélique ajoute à la finesse du goût.

LE PREMIER. Madame Necker.

LE SECOND. Mais rentrons dans notre sujet.

LE PREMIER. J'y consens, quoique j'aime mieux louer la vertu que de discuter des questions assez oiseuses.

LE SECOND. Quinault-Dufresne, glorieux de caractère, jouait merveilleusement le Glorieux.

LE PREMIER. Il est vrai; mais d'où savez-vous qu'il

se jouât lui-même? ou pourquoi la nature n'en aurait-
elle pas fait un glorieux très rapproché de la limite qui
sépare le beau réel du beau idéal, limite sur laquelle
se jouent les différentes écoles?

LE SECOND. Je ne vous entends pas.

LE PREMIER. Je suis plus clair dans mes Salons,
où je vous conseille de lire le morceau sur la Beauté
en général. En attendant, dites-moi, Quinault-
Dufresne est-il Orosmane? Non. Cependant, qui
est-ce qui l'a remplacé et le remplacera dans ce rôle?
Était-il l'homme du *Préjugé à la mode*? Non. Cependant avec quelle vérité ne le jouait-il pas?

LE SECOND. A vous entendre, le grand comédien
est tout ou n'est rien.

LE PREMIER. Et peut-être est-ce parce qu'il n'est
rien qu'il est tout par excellence, sa forme particulière
ne contrariant jamais les formes étrangères qu'il doit
prendre.

Entre tous ceux qui ont exercé l'utile et belle profession de comédiens ou de prédicateurs laïques, un
des hommes les plus honnêtes, un des hommes qui
en avaient le plus la physionomie, le ton et le maintien,
le frère du *Diable boiteux*, de *Gil Blas*, du *Bachelier de
Salamanque*, Montménil

LE SECOND. Le fils de Le Sage, père commun de
toute cette plaisante famille

LE PREMIER. Faisait avec un égal succès Ariste dans
la Pupille, Tartuffe dans la comédie de ce nom, Mas-
carille dans *les Fourberies de Scapin*, l'avocat ou
M. Guillaume dans la farce de *Patelin*.

LE SECOND. Je l'ai vu.

LE PREMIER. Et à votre grand étonnement, il avait
le masque de ces différents visages. Ce n'était pas

naturellement, car Nature ne lui avait donné que le sien; il tenait donc les autres de l'art.

Est-ce qu'il y a une sensibilité artificielle? Mais soit factice, soit innée, la sensibilité n'a pas lieu dans tous les rôles. Quelle est donc la qualité acquise ou naturelle qui constitue le grand acteur dans l'Avare, le Joueur, le Flatteur, le Grondeur, le Médecin malgré lui, l'être le moins sensible et le plus immoral que la poésie ait encore imaginé, le Bourgeois Gentilhomme, le Malade et le Cocu imaginaires; dans Néron, Mithridate, Atrée, Phocas, Sertorius, et tant d'autres caractères tragiques ou comiques, où la sensibilité est diamétralement opposée à l'esprit du rôle? La facilité de connaître et de copier toutes les natures. Croyezmoi, ne multiplions pas les causes lorsqu'une suffit à tous les phénomènes.

Tantôt le poëte a senti plus fortement que le comédien, tantôt, et plus souvent peut-être, le comédien a conçu plus fortement que le poëte; et rien n'est plus dans la vérité que cette exclamation de Voltaire, entendant la Clairon dans une de ses pièces: *Est-ce bien moi qui ai fait cela?* Est-ce que la Clairon en sait plus que Voltaire? Dans ce moment du moins son modèle idéal, en déclamant, était bien au delà du modèle idéal que le poëte s'était fait en écrivant, mais ce modèle idéal n'était pas elle. Quel était donc son talent? Celui d'imaginer un grand fantôme et de le copier de génie. Elle imitait le mouvement, les actions, les gestes, toute l'expression d'un être fort au-dessus d'elle. Elle avait trouvé ce qu'Eschine récitant une oraison de Démosthène ne put jamais rendre, le mugissement de la bête. Il disait à ses disciples: " Si cela vous affecte si fort, qu'aurait-ce donc

été, *si audivissetis bestiam mugientem?* Le poëte avait
engendré l'animal terrible, la Clairon le faisait mugir.

Ce serait un singulier abus des mots que d'appeler
sensibilité cette facilité de rendre toutes natures,
même les natures féroces. La sensibilité, selon la
seule acception qu'on ait donnée jusqu'à présent à ce
terme, est, ce me semble, cette disposition compagne
de la faiblesse des organes, suite de la mobilité du
diaphragme, de la vivacité de l'imagination, de la
délicatesse des nerfs, qui incline à compatir, à frissonner, à admirer, à craindre, à se troubler, à pleurer,
à s'évanouir, à secourir, à fuir, à crier, à perdre la
raison, à exagérer, à mépriser, à dédaigner, à n'avoir
aucune idée précise du vrai, du bon et du beau, à être
injuste, à être fou. Multipliez les âmes sensibles, et
vous multiplierez en même proportion les bonnes et
les mauvaises actions en tout genre, les éloges et les
blâmes outrés.

Poëtes, travaillez-vous pour une nation délicate,
vaporeuse et sensible; renfermez-vous dans les har-
monieuses, tendres et touchantes élégies de Racine;
elle se sauverait des boucheries de Shakespeare: ces
âmes faibles sont incapables de supporter des secousses
violentes. Gardez-vous bien de leur présenter des
images trop fortes. Montrez-leur, si vous voulez,

> Le fils tout dégouttant du meurtre de son père,
> Et sa tête à la main demandant son salaire;

mais n'allez pas au delà. Si vous osiez leur dire avec
Homère: "Où vas-tu, malheureux? Tu ne sais donc
pas que c'est à moi que le ciel envoie les enfants des
pères infortunés; tu ne recevras point les derniers
embrassements de ta mère; déjà je te vois étendu sur

la terre, déjà je vois les oiseaux de proie, rassemblés autour de ton cadavre, t'arracher les yeux de la tête en battant les ailes de joie"; toutes nos femmes s'écrieraient en détournant la tête: "Ah! l'horreur!" Ce serait bien pis si ce discours, prononcé par un grand comédien, était encore fortifié de sa véritable déclamation.

LE SECOND. Je suis tenté de vous interrompre pour vous demander ce que vous pensez de ce vase présenté à Gabrielle de Vergy, qui y voit le cœur sanglant de son amant.

LE PREMIER. Je vous répondrai qu'il faut être conséquent, et que, quand on se révolte contre ce spectacle, il ne faut pas souffrir qu'Œdipe se montre avec ses yeux crevés, et qu'il faut chasser de la scène Philoctète tourmenté de sa blessure, et exhalant sa douleur par des cris inarticulés. Les anciens avaient, ce me semble, une autre idée de la tragédie que nous, et ces anciens-là, c'étaient les Grecs, c'étaient les Athéniens, ce peuple si délicat, qui nous a laissé en tout genre des modèles que les autres nations n'ont point encore égalés. Eschyle, Sophocle, Euripide, ne veillaient pas des années entières pour ne produire que de ces petites impressions passagères qui se dissipent dans la gaieté d'un souper. Ils voulaient profondément attrister sur le sort des malheureux; ils voulaient, non pas amuser seulement leurs concitoyens, mais les rendre meilleurs. Avaient-ils tort? avaient-ils raison? Pour cet effet, ils faisaient courir sur la scène les Euménides suivant la trace du parricide, et conduites par la vapeur du sang qui frappait leur odorat. Ils avaient trop de jugement pour applaudir à ces imbroglios, à ces escamotages de poignards, qui ne sont bons que pour des enfants. Une tragédie n'est, selon moi, qu'une belle page historique qui se partage en un certain nombre de repos marqués. On attend le shérif. Il arrive. Il interroge le seigneur du village. Il lui propose d'apostasier. Celui-ci s'y refuse. Il le condamne à mort. Il l'envoie dans les prisons. La fille vient demander la grâce de son père. Le shérif la lui accorde à une condition révoltante. Le seigneur du village est mis à mort. Les habitants poursuivent le shérif. Il fuit devant eux. L'amant de la fille du seigneur l'étend mort d'un coup de poignard; et l'atroce intolérant meurt au milieu des imprécations. Il n'en faut pas davantage à un poëte pour composer un grand ouvrage. Que la fille aille interroger sa mère sur son tombeau, pour en apprendre ce qu'elle doit à celui qui lui a donné la vie. Qu'elle soit incertaine sur le sacrifice de l'honneur que l'on exige d'elle. Que, dans cette incertitude, elle tienne son amant loin d'elle, et se refuse aux discours de sa passion. Qu'elle obtienne la permission de voir son père dans les prisons. Que son père veuille l'unir à son amant, et qu'elle n'y consente pas. Qu'elle se prostitue. Que, tandis qu'elle se prostitue, son père soit mis à mort. Que vous ignoriez sa prostitution jusqu'au moment où, son amant la trouvant désolée de la mort de son père qu'il lui apprend, il en apprend le sacrifice qu'elle a fait pour le sauver. Qu'alors le shérif, poursuivi par le peuple, arrive, et qu'il soit massacré par l'amant. Voilà une partie des détails d'un pareil sujet.

Le Second. Une partie!

Le Premier. Oui, une partie. Est-ce que les

jeunes amants ne proposeront pas au seigneur du village de se sauver? Est-ce que les habitants ne lui proposeront pas d'exterminer le shérif et ses satellites? Est-ce qu'il n'y aura pas un prêtre défenseur de la tolérance? Est-ce qu'au milieu de cette journée de douleur, l'amant restera oisif? Est-ce qu'il n'y a pas de liaisons à supposer entre ces personnages? Est-ce qu'il n'y a aucun parti à tirer de ces liaisons? Est-ce qu'il ne peut pas, ce shérif, avoir été l'amant de la fille du seigneur du village? Est-ce qu'il ne revient pas l'âme pleine de vengeance, et contre le père qui l'aura chassé du bourg, et contre la fille qui l'aura dédaigné? Que d'incidents importants on peut tirer du sujet le plus simple quand on a la patience de le méditer! Quelle couleur ne peut-on pas leur donner quand on est éloquent! On n'est point poëte dramatique sans être éloquent. Et croyez-vous que je manquerai de spectacle? Cet interrogatoire, il se fera dans tout son appareil. Laissez-moi disposer de mon local, et mettons fin à cet écart.

Je te prends à témoin, Roscius anglais, célèbre Garrick, toi qui, du consentement unanime de toutes les nations subsistantes, passes pour le premier comédien qu'elles aient connu, rends hommage à la vérité! Ne m'as-tu pas dit que, quoique tu sentisses fortement, ton action serait faible, si, quelle que fût la passion ou le caractère que tu avais à rendre, tu ne savais t'élever par la pensée à la grandeur d'un fantôme homérique auquel tu cherchais à t'identifier? Lorsque je t'objectai que ce n'était donc pas d'après toi que tu jouais, confesse ta réponse: ne m'avouas-tu pas que tu t'en gardais bien, et que tu ne paraissais si étonnant sur la scène, que parce que tu montrais sans cesse au spectacle un être d'imagination qui n'était pas toi[1]?

LE SECOND. L'âme d'un grand comédien a été formée de l'élément subtil dont notre philosophe remplissait l'espace qui n'est ni froid, ni chaud, ni pesant, ni léger, qui n'affecte aucune forme déterminée, et qui, également susceptible de toutes, n'en conserve aucune.

LE PREMIER. Un grand comédien n'est ni un piano-forté, ni une harpe, ni un clavecin, ni un violon, ni un violoncelle; il n'a point d'accord qui lui soit propre; mais il prend l'accord et le ton qui conviennent à sa partie, et il sait se prêter à toutes. J'ai une haute idée du talent d'un grand comédien: cet homme est rare, aussi rare et peut-être plus que le grand poëte.

Celui qui dans la société se propose, et a le malheureux talent de plaire à tous, n'est rien, n'a rien qui lui appartienne, qui le distingue, qui engoue les uns et qui fatigue les autres. Il parle toujours, et toujours bien; c'est un adulateur de profession, c'est un grand courtisan, c'est un grand comédien.

LE SECOND. Un grand courtisan, accoutumé, depuis qu'il respire, au rôle d'un pantin merveilleux, prend toutes sortes de formes, au gré de la ficelle qui est entre les mains de son maître.

LE PREMIER. Un grand comédien est un autre pantin merveilleux dont le poëte tient la ficelle, et auquel il indique à chaque ligne la véritable forme qu'il doit prendre.

LE SECOND. Ainsi un courtisan, un comédien, qui ne peuvent prendre qu'une forme, quelque belle,

[1] Garrick was at Paris from October 1764 to April 1765.

quelque intéressante qu'elle soit, ne sont que deux mauvais pantins?

LE PREMIER. Mon dessein n'est pas de calomnier une profession que j'aime et que j'estime; je parle de celle du comédien. Je serais désolé que mes observations, mal interprétées, attachassent l'ombre du mépris à des hommes d'un talent rare et d'une utilité réelle, aux fléaux du ridicule et du vice, aux prédicateurs les plus éloquents de l'honnêteté et des vertus, à la verge dont l'homme de génie se sert pour châtier les méchants et les fous. Mais tournez les yeux autour de vous, et vous verrez que les personnes d'une gaieté continue n'ont ni de grands défauts, ni de grandes qualités; que communément les plaisants de profession sont des hommes frivoles, sans aucun principe solide; et que ceux qui, semblables à certains personnages qui circulent dans nos sociétés, n'ont aucun caractère, excellent à les jouer tous.

Un comédien n'a-t-il pas un père, une mère, une femme, des enfants, des frères, des sœurs, des connaissances, des amis, une maîtresse? S'il était doué de cette exquise sensibilité, qu'on regarde comme la qualité principale de son état, poursuivi comme nous et atteint d'une infinité de peines qui se succèdent, et qui tantôt flétrissent nos âmes, et tantôt les déchirent, combien lui resterait-il de jours à donner à notre amusement? Très peu. Le gentilhomme de la chambre interposerait vainement sa souveraineté, le comédien serait souvent dans le cas de lui répondre: "Monseigneur, je ne saurais rire aujourd'hui, ou c'est d'autre chose que des soucis d'Agamemnon que je veux pleurer." Cependant on ne s'aperçoit pas que les chagrins de la vie, aussi fréquents pour eux que pour nous, et beaucoup plus contraires au libre exercice de leurs fonctions, les suspendent souvent.

Dans le monde, lorsqu'ils ne sont pas bouffons, je les trouve polis, caustiques et froids, fastueux, dissipés, dissipateurs, intéressés, plus frappés de nos ridicules que touchés de nos maux; d'un esprit assez rassis au spectacle d'un événement fâcheux, ou au récit d'une aventure pathétique; isolés, vagabonds, à l'ordre des grands; peu de mœurs, point d'amis, presque aucune de ces liaisons saintes et douces qui nous associent aux peines et aux plaisirs d'un autre qui partage les nôtres. J'ai souvent vu rire un comédien hors de la scène, je n'ai pas mémoire d'en avoir jamais vu pleurer un. Cette sensibilité qu'ils s'arrogent et qu'on leur alloue, qu'en font-ils donc? La laissent-ils sur les planches, quand ils en descendent, pour la reprendre quand ils y remontent?

Qu'est-ce qui leur chausse le socque ou le cothurne? Le défaut d'éducation, la misère et le libertinage. Le théâtre est une ressource, jamais un choix. Jamais on ne se fit comédien par goût pour la vertu, par le désir d'être utile dans la société et de servir son pays ou sa famille, par aucun des motifs honnêtes qui pourraient entraîner un esprit droit, un cœur chaud, une âme sensible vers une aussi belle profession.

Moi-même, jeune, je balançai entre la Sorbonne et la Comédie. J'allais, en hiver, par la saison la plus rigoureuse, réciter à haute voix des rôles de Molière et de Corneille dans les allées solitaires du Luxembourg. Quel était mon projet? d'être applaudi? Peut-être. De vivre familièrement avec les femmes de théâtre que je trouvais infiniment aimables et que je savais très faciles? Assurément. Je ne sais ce que je n'aurais pas fait pour plaire à la Gaussin, qui débutait alors et qui était la beauté personnifiée; à la Dangeville, qui avait tant d'attraits sur la scène.

On a dit que les comédiens n'avaient aucun caractère, parce qu'en les jouant tous ils perdaient celui que la nature leur avait donné, qu'ils devenaient faux, comme le médecin, le chirurgien et le boucher deviennent durs. Je crois qu'on a pris la cause pour l'effet, et qu'ils ne sont propres à les jouer tous que parce qu'ils n'en ont point.

LE SECOND. On ne devient point cruel parce qu'on est bourreau; mais on se fait bourreau, parce qu'on est cruel.

LE PREMIER. J'ai beau examiner ces hommes-là. Je n'y vois rien qui les distingue du reste des citoyens, si ce n'est une vanité qu'on pourrait appeler insolence, une jalousie qui remplit de troubles et de haines leur comité. Entre toutes les associations, il n'y en a peut-être aucune où l'intérêt commun de tous et celui du public soient plus constamment et plus évidemment sacrifiés à de misérables petites prétentions. L'envie est encore pire entre eux qu'entre les auteurs; c'est beaucoup dire, mais cela est vrai. Un poëte pardonne plus aisément à un poëte le succès d'une pièce, qu'une actrice ne pardonne à une actrice les applaudissements qui la désignent à quelque illustre ou riche débauché. Vous les voyez grands sur la scène, parce qu'ils ont de l'âme, dites-vous; moi, je les vois petits et bas dans la société, parce qu'ils n'en ont point: avec les propos et le ton de Camille et du vieil Horace, toujours les mœurs de Frosine et de Sganarelle. Or, pour juger le fond du cœur, faut-il que je m'en rapporte à des discours d'emprunt, que l'on sait rendre merveilleusement, ou à la nature des actes et à la teneur de la vie?

Le Second. Mais jadis Molière, les Quinault, Montménil, mais aujourd'hui Brizard et Caillot qui est également bienvenu chez les grands et chez les petits, à qui vous confieriez sans crainte votre secret et votre bourse, et avec lequel vous croiriez l'honneur de votre femme et l'innocence de votre fille beaucoup plus en sûreté qu'avec tel grand seigneur de la cour ou tel respectable ministre de nos autels.

Le Premier. L'éloge n'est pas exagéré: ce qui me fâche, c'est de ne pas entendre citer un plus grand nombre de comédiens qui l'aient mérité ou qui le méritent. Ce qui me fâche, c'est qu'entre ces propriétaires par état, d'une qualité, la source précieuse et féconde de tant d'autres, un comédien galant homme, une actrice honnête femme soient des phénomènes si rares.

Concluons de là qu'il est faux qu'ils en aient le privilége spécial, et que la sensibilité qui les dominerait dans le monde comme sur la scène, s'ils en étaient doués, n'est ni la base de leur caractère ni la raison de leurs succès; qu'elle ne leur appartient ni plus ni moins qu'à telle ou telle condition de la société, et que si l'on voit si peu de grands comédiens, c'est que les parents ne destinent point leurs enfants au théâtre; c'est qu'on ne s'y prépare point par une éducation commencée dans la jeunesse; c'est qu'une troupe de comédiens n'est point, comme elle devrait l'être chez un peuple où l'on attacherait à la fonction de parler aux hommes rassemblés pour être instruits, amusés, corrigés, l'importance, les honneurs, les récompenses

qu'elle mérite, une corporation formée, comme toutes
les autres communautés, de sujets tirés de toutes les
familles de la société et conduits sur la scène comme
au service, au palais, à l'église, par choix ou par goût
et du consentement de leurs tuteurs naturels.

LE SECOND. L'avilissement des comédiens modernes
est, ce me semble, un malheureux héritage que leur
ont laissé les comédiens anciens.

LE PREMIER. Je le crois.

LE SECOND. Si le spectacle naissait aujourd'hui
qu'on a des idées plus justes des choses, peut-être
que— Mais vous ne m'écoutez pas. A quoi rêvez-
vous?

LE PREMIER. Je suis ma première idée, et je pense
à l'influence du spectacle sur le bon goût et sur les
mœurs, si les comédiens étaient gens de bien et si
leur profession était honorée. Où est le poëte qui
osât proposer à des hommes bien nés de répéter
publiquement des discours plats ou grossiers; à des
femmes à peu près sages comme les nôtres, de débiter
effrontément devant une multitude d'auditeurs des
propos qu'elles rougiraient d'entendre dans le secret
de leurs foyers? Bientôt nos auteurs dramatiques at-
teindraient à une pureté, une délicatesse, une élégance
dont ils sont plus loin encore qu'ils ne le soupçonnent.
Or, doutez-vous que l'esprit national ne s'en ressentît?

LE SECOND. On pourrait vous objecter peut-être
que les pièces, tant anciennes que modernes, que vos
comédiens honnêtes excluraient de leur répertoire,
sont précisément celles que nous jouons en société.

LE PREMIER. Et qu'importe que nos citoyens se
rabaissent à la condition des plus vils histrions? en
serait-il moins utile, en serait-il moins à souhaiter que

nos comédiens s'élevassent à la condition des plus honnêtes citoyens?

LE SECOND. La métamorphose n'est pas aisée.

LE PREMIER. Lorsque je donnai *le Père de Famille*, le magistrat de la police m'exhorta à suivre ce genre.

LE SECOND. Pourquoi ne le fîtes-vous pas?

LE PREMIER. C'est que n'ayant pas obtenu le succès que je m'en étais promis, et ne me flattant pas de faire beaucoup mieux, je me dégoûtai d'une carrière pour laquelle je ne me crus pas assez de talent.

LE SECOND. Et pourquoi cette pièce qui remplit aujourd'hui la salle de spectateurs avant quatre heures et demie, et que les comédiens affichent toutes les fois qu'ils ont besoin d'un millier d'écus, fut-elle si tièdement accueillie dans le commencement?

LE PREMIER. Quelques-uns disaient que nos mœurs étaient trop factices pour s'accommoder d'un genre aussi simple, trop corrompues pour goûter un genre aussi sage.

LE SECOND. Cela n'était pas sans vraisemblance.

LE PREMIER. Mais l'expérience a bien démontré que cela n'était pas vrai, car nous ne sommes pas devenus meilleurs. D'ailleurs le vrai, l'honnête a tant d'ascendant sur nous, que si l'ouvrage d'un poëte a ces deux caractères et que l'auteur ait du génie, son succès n'en sera que plus assuré. C'est surtout lorsque tout est faux qu'on aime le vrai, c'est surtout lorsque tout est corrompu que le spectacle est le plus épuré. Le citoyen qui se présente à l'entrée de la Comédie y laisse tous ses vices pour ne les reprendre qu'en sortant. Là il est juste, impartial, bon père, bon ami, ami de la vertu; et j'ai vu souvent à côté de moi des méchants profondément indignés contre des actions qu'ils n'auraient pas manqué de commettre s'ils s'étaient trouvés dans les mêmes circonstances où le poëte avait placé le personnage qu'ils abhorraient. Si je ne réussis pas d'abord, c'est que le genre était étranger aux spectateurs et aux acteurs; c'est qu'il y avait un préjugé établi et qui subsiste encore contre ce qu'on appelle la comédie larmoyante; c'est que j'avais une nuée d'ennemis à la cour, à la ville, parmi les magistrats, parmi les gens d'église, parmi les hommes de lettres.

Le Second. Et comment aviez-vous encouru tant de haines?

Le Premier. Ma foi, je n'en sais rien, car je n'ai jamais fait de satire ni contre les grands ni contre les petits, et je n'ai croisé personne sur le chemin de la fortune et des honneurs. Il est vrai que j'étais du nombre de ceux qu'on appelle philosophes, qu'on regardait alors comme des citoyens dangereux, et contre lesquels le ministère avait lâché deux ou trois scélérats subalternes, sans vertu, sans lumières, et qui pis est sans talent. Mais laissons cela.

Le Second. Sans compter que ces philosophes avaient rendu la tâche des poëtes et des littérateurs en général plus difficile. Il ne s'agissait plus, pour s'illustrer, de savoir tourner un madrigal ou un couplet ordurier.

Le Premier. Cela se peut. Un jeune dissolu, au lieu de se rendre avec assiduité dans l'atelier du peintre, du sculpteur, de l'artiste qui l'a adopté, a perdu les années les plus précieuses de sa vie, et il est resté a vingt ans sans ressources et sans talent. Que voulez-vous qu'il devienne? Soldat ou comédien. Le voilà donc enrôlé dans une troupe de campagne. Il rôde

4—2

jusqu'à ce qu'il puisse se promettre un début dans la capitale. Une malheureuse créature a croupi dans la fange de la débauche; lasse de l'état le plus abject, celui de basse courtisane, elle apprend par cœur quelques rôles, elle se rend un matin chez la Clairon, comme l'esclave ancien chez l'édile ou le préteur. Celle-ci la prend par la main, lui fait faire une pirouette, la touche de sa baguette, et lui dit: "Va faire rire ou pleurer les badauds."

Ils sont excommuniés. Ce public qui ne peut s'en passer les méprise. Ce sont des esclaves sans cesse sous la verge d'un autre esclave. Croyez-vous que les marques d'un avilissement aussi continu puissent rester sans effet, et que, sous le fardeau de l'ignominie, une âme soit assez ferme pour se tenir à la hauteur de Corneille?

Ce despotisme que l'on exerce sur eux, ils l'exercent sur les auteurs, et je ne sais quel est le plus vil ou du comédien insolent ou de l'auteur qui le souffre.

Le Second. On veut être joué.

Le Premier. A quelque condition que ce soit. Ils sont tous las de leur métier. Donnez votre argent à la porte, et ils se lasseront de votre présence et de vos applaudissements. Suffisamment rentés par les petites loges, ils ont été sur le point de décider ou que l'auteur renoncerait à son honoraire, ou que sa pièce ne serait pas acceptée.

Le Second. Mais ce projet n'allait à rien moins qu'à éteindre le genre dramatique.

Le Premier. Qu'est-ce que cela leur fait?

Le Second. Je pense qu'il vous reste peu de chose à dire.

Le Premier. Vous vous trompez. Il faut que je

vous prenne par la main et que je vous introduise chez la Clairon, cette incomparable magicienne.

LE SECOND. Celle-là du moins était fière de son état.

LE PREMIER. Comme le seront toutes celles qui ont excellé. Le théâtre n'est méprisé que par ceux d'entre les acteurs que les sifflets en ont chassés. Il faut que je vous montre la Clairon dans les transports réels de sa colère. Si par hasard elle y conservait son maintien, ses accents, son action théâtrale avec tout son apprêt, avec toute son emphase, ne porteriez-vous pas vos mains sur vos côtés, et pourriez-vous contenir vos éclats? Que m'apprenez-vous donc alors? Ne prononcez-vous pas nettement que la sensibilité vraie et la sensibilité jouée sont deux choses fort différentes? Vous riez de ce que vous auriez admiré au théâtre? et pourquoi cela, s'il vous plaît? C'est que la colère réelle de la Clairon ressemble à de la colère simulée, et que vous avez le discernement juste du masque de cette passion et de sa personne. Les images des passions au théâtre n'en sont donc pas les vraies images, ce n'en sont donc que des portraits outrés, que de grandes caricatures assujetties à des règles de convention. Or, interrogez-vous, demandez-vous à vous-même quel artiste se renfermera le plus strictement dans ces règles données? Quel est le comédien qui saisira le mieux cette bouffissure prescrite, ou de l'homme dominé par son propre caractère, ou de l'homme né sans caractère, ou de l'homme qui s'en dépouille pour se revêtir d'un autre plus grand, plus noble, plus violent, plus élevé? On est soi de nature; on est un autre d'imitation; le cœur qu'on se suppose n'est pas le cœur qu'on a. Qu'est-ce donc que le vrai talent? Celui de bien connaître les

symptômes extérieurs de l'âme d'emprunt, de s'a-
dresser à la sensation de ceux qui nous entendent, qui
nous voient, et de les tromper par l'imitation de ces
symptômes, par une imitation qui agrandisse tout
dans leurs têtes et qui devienne la règle de leur jugement; car il est impossible d'apprécier autrement ce
qui se passe au dedans de nous. Et que nous importe
en effet qu'ils sentent ou qu'ils ne sentent pas, pourvu
que nous l'ignorions?

Celui donc qui connaît le mieux et qui rend le plus
parfaitement ces signes extérieurs d'après le modèle
idéal le mieux conçu est le plus grand comédien.

Le Second. Celui qui laisse le moins à imaginer
au grand comédien est le plus grand des poëtes.

Le Premier. J'allais le dire. Lorsque, par une
longue habitude du théâtre, on garde dans la société
l'emphase théâtrale et qu'on y promène Brutus, Cinna,
Mithridate, Cornélie, Mérope, Pompée, savez-vous
ce qu'on fait? On accouple à une âme petite ou grande,
de la mesure précise que Nature l'a donnée, les signes
extérieurs d'une âme exagérée et gigantesque qu'on
n'a pas; et de là naît le ridicule.

Le Second. La cruelle satire que vous faites là,
innocemment ou malignement, des acteurs et des
auteurs!

Le Premier. Comment cela?

Le Second. Il est, je crois, permis à tout le monde
d'avoir une âme forte et grande; il est, je crois, permis
d'avoir le maintien, le propos et l'action de son âme,
et je crois que l'image de la véritable grandeur ne
peut jamais être ridicule.

Le Premier. Que s'ensuit-il de là?

Le Second. Ah, traître! vous n'osez le dire, et il

faudra que j'encoure l'indignation générale pour vous. C'est que la vraie tragédie est encore à trouver, et qu'avec leurs défauts les anciens en étaient peut-être plus voisins que nous.

LE PREMIER. Il est vrai que je suis enchanté d'entendre Philoctète dire si simplement et si fortement à Néoptolème, qui lui rend les flèches d'Hercule qu'il lui avait volées à l'instigation d'Ulysse : "Vois quelle action tu avais commise : sans t'en apercevoir, tu condamnais un malheureux à périr de douleur et de faim. Ton vol est le crime d'un autre, ton repentir est à toi. Non, jamais tu n'aurais pensé à commettre une pareille indignité si tu avais été seul. Conçois donc, mon enfant, combien il importe à ton âge de ne fréquenter que d'honnêtes gens. Voilà ce que tu avais à gagner dans la société d'un scélérat. Et pourquoi t'associer aussi à un homme de ce caractère ? Était-ce là celui que ton père aurait choisi pour son compagnon et pour son ami ? Ce digne père qui ne se laissa jamais approcher que des plus distingués personnages de l'armée, que te dirait-il, s'il te voyait avec un Ulysse ?" Y a-t-il dans ce discours autre chose que ce que vous adresseriez à mon fils, que ce que je dirais au vôtre ?

LE SECOND. Non.

LE PREMIER. Cependant cela est beau.

LE SECOND. Assurément.

LE PREMIER. Et le ton de ce discours prononcé sur la scène différerait-il du ton dont on le prononcerait dans la société ?

LE SECOND. Je ne le crois pas.

LE PREMIER. Et ce ton dans la société, y serait-il ridicule ?

Le Second. Nullement.

Le Premier. Plus les actions sont fortes et les propos simples, plus j'admire. Je crains bien que nous n'ayons pris cent ans de suite la rodomontade de Madrid pour l'héroïsme de Rome, et brouillé le ton de la muse tragique avec le langage de la muse épique.

Le Second. Notre vers alexandrin est trop nombreux et trop noble pour le dialogue.

Le Premier. Et notre vers de dix syllabes est trop futile et trop léger. Quoi qu'il en soit, je désirerais que vous n'allassiez à la représentation de quelqu'une des pièces romaines de Corneille qu'au sortir de la lecture des lettres de Cicéron à Atticus. Combien je trouve nos auteurs dramatiques ampoulés! Combien leurs déclamations me sont dégoûtantes, lorsque je me rappelle la simplicité et le nerf du discours de Régulus dissuadant le Sénat et le peuple romain de l'échange des captifs! C'est ainsi qu'il s'exprime dans une ode, poëme qui comporte bien plus de chaleur, de verve et d'exagération qu'un monologue tragique; il dit:

"J'ai vu nos enseignes suspendues dans les temples de Carthage. J'ai vu le soldat romain dépouillé de ses armes qui n'avaient pas été teintes d'une goutte de sang. J'ai vu l'oubli de la liberté, et des citoyens les bras retournés en arrière et liés sur leur dos. J'ai vu les portes des villes toutes ouvertes, et les moissons couvrir les champs que nous avions ravagés. Et vous croyez que, rachetés à prix d'argent, ils reviendront plus courageux? Vous ajoutez une perte à l'ignominie. La vertu, chassée d'une âme qui s'est avilie, n'y revient plus. N'attendez rien de celui qui a pu mourir, et qui s'est laissé garrotter. O Carthage, que tu es grande et fière de notre honte!"

Tel fut son discours et telle sa conduite. Il se refuse aux embrassements de sa femme et de ses enfants, il s'en croit indigne comme un vil esclave. Il tient ses regards farouches attachés sur la terre, et dédaigne les pleurs de ses amis, jusqu'à ce qu'il ait amené les sénateurs à un avis qu'il était seul capable de donner, et qu'il lui fût permis de retourner à son exil.

LE SECOND. Cela est simple et beau; mais le moment où le héros se montre, c'est le suivant.

LE PREMIER. Vous avez raison.

LE SECOND. Il n'ignorait pas le supplice qu'un ennemi féroce lui préparait. Cependant il reprend sa sérénité, il se dégage de ses proches qui cherchaient à différer son retour, avec la même liberté dont il se dégageait auparavant de la foule de ses clients pour aller se délasser de la fatigue des affaires dans ses champs de Vénafre ou sa campagne de Tarente.

LE PREMIER. Fort bien. A présent mettez la main sur la conscience, et dites-moi s'il y a dans nos poëtes beaucoup d'endroits du ton propre à une vertu aussi haute, aussi familière, et ce que vous paraîtraient dans cette bouche, ou nos tendres jérémiades, ou la plupart de nos fanfaronnades à la Corneille.

Combien de choses que je n'ose confier qu'à vous! Je serais lapidé dans les rues si l'on me savait coupable de ce blasphème, et il n'y a aucune sorte de martyre dont j'ambitionne le laurier.

S'il arrive un jour qu'un homme de génie ose donner à ses personnages le ton simple de l'héroïsme antique, l'art du comédien sera autrement difficile, car la déclamation cessera d'être une espèce de chant.

Au reste, lorsque j'ai prononcé que la sensibilité

était la caractéristique de la bonté de l'âme et de la médiocrité du génie, j'ai fait un aveu qui n'est pas trop ordinaire, car si Nature a pétri une âme sensible, c'est la mienne.

L'homme sensible est trop abandonné à la merci de son diaphragme pour être un grand roi, un grand politique, un grand magistrat, un homme juste, un profond observateur, et conséquemment un sublime imitateur de la nature, à moins qu'il ne puisse s'oublier et se distraire de lui-même, et qu'à l'aide d'une imagination forte il ne sache se créer, et d'une mémoire tenace tenir son attention fixée sur des fantômes qui lui servent de modèles; mais alors ce n'est plus lui qui agit, c'est l'esprit d'un autre qui le domine.

Je devrais m'arrêter ici; mais vous me pardonnerez plus aisément une réflexion déplacée qu'omise. C'est une expérience qu'apparemment vous aurez faite quelquefois, lorsque appelé par un débutant ou par une débutante, chez elle, en petit comité, pour prononcer sur son talent, vous lui aurez accordé de l'âme, de la sensibilité, des entrailles, vous l'aurez accablée d'éloges et l'aurez laissée, en vous séparant d'elle, avec l'espoir du plus grand succès. Cependant qu'arrive-t-il? Elle paraît, elle est sifflée, et vous vous avouez à vous-même que les sifflets ont raison. D'où cela vient-il? Est-ce qu'elle a perdu son âme, sa sensibilité, ses entrailles, du matin au soir? Non; mais à son rez-de-chaussée vous étiez terre à terre avec elle; vous l'écoutiez sans égard aux conventions, elle était vis-à-vis de vous, il n'y avait entre l'un et l'autre aucun modèle de comparaison; vous étiez satisfait de sa voix, de son geste, de son expression, de son maintien; tout était en proportion avec l'auditoire et l'espace; rien ne de-

mandait de l'exagération. Sur les planches tout a
changé: ici il fallait un autre personnage, puisque
tout s'était agrandi.

Sur un théâtre particulier, dans un salon où le
spectateur est presque de niveau avec l'acteur, le
vrai personnage dramatique vous aurait paru énorme,
gigantesque, et au sortir de la représentation vous
auriez dit à votre ami confidemment: "Elle ne réus-
sira pas, elle est outrée"; et son succès au théâtre
vous aurait étonné. Encore une fois, que ce soit un
bien ou un mal, le comédien ne dit rien, ne fait rien
dans la société précisément comme sur la scène; c'est
un autre monde.

Mais un fait décisif qui m'a été raconté par un
homme vrai, d'un tour d'esprit original et piquant,
l'abbé Galiani, et qui m'a été ensuite confirmé par
un autre homme vrai, d'un tour d'esprit aussi original
et piquant, M. le marquis de Caraccioli, ambassadeur
de Naples à Paris, c'est qu'à Naples, la patrie de l'un
et de l'autre, il y a un poëte dramatique dont le soin
principal n'est pas de composer sa pièce.

Le Second. La vôtre, *le Père de Famille*, y a
singulièrement réussi.

Le Premier. On en a donné quatre représentations
de suite devant le roi, contre l'étiquette de la cour
qui prescrit autant de pièces différentes que de jours
de spectacle, et le peuple en fut transporté. Mais le
souci du poëte napolitain est de trouver dans la
société des personnages d'âge, de figure, de voix, de
caractère propres à remplir ses rôles. On n'ose le
refuser, parce qu'il s'agit de l'amusement du souverain.
Il exerce ses acteurs pendant six mois, ensemble et
séparément. Et quand imaginez-vous que la troupe

commence à jouer, à s'entendre, à s'acheminer vers le point de perfection qu'il exige? C'est lorsque les acteurs sont épuisés de la fatigue de ces répétitions multipliées, ce que nous appelons blasés. De cet instant les progrès sont surprenants, chacun s'identifie avec son personnage; et c'est à la suite de ce pénible exercice que des représentations commencent et se continuent pendant six autres mois de suite, et que le souverain et ses sujets jouissent du plus grand plaisir qu'on puisse recevoir de l'illusion théâtrale. Et cette illusion, aussi forte, aussi parfaite à la dernière représentation qu'à la première, à votre avis, peut-elle être l'effet de la sensibilité?

Au reste, la question que j'approfondis a été autrefois entamée entre un médiocre littérateur, Rémond de Saint-Albine, et un grand comédien, Riccoboni. Le littérateur plaidait la cause de la sensibilité, le comédien plaidait la mienne. C'est une anecdote que j'ignorais et que je viens d'apprendre.

J'ai dit, vous m'avez entendu, et je vous demande à présent ce que vous en pensez.

Le Second. Je pense que ce petit homme arrogant, décidé, sec et dur, en qui il faudrait reconnaître une dose honnête de mépris, s'il en avait seulement le quart de ce que la nature prodigue lui a accordé de suffisance, aurait été un peu plus réservé dans son jugement si vous aviez eu, vous, la complaisance de lui exposer vos raisons, lui, la patience de vous écouter; mais le malheur est qu'il sait tout, et qu'à titre d'homme universel, il se croit dispensé d'écouter.

Le Premier. En revanche, le public le lui rend bien. Connaissez-vous madame Riccoboni?

Le Second. Qui est-ce qui ne connaît pas l'auteur

d'un grand nombre d'ouvrages charmants, pleins de génie, d'honnêteté, de délicatesse et de grâce?

LE PREMIER. Croyez-vous que cette femme fût sensible?

LE SECOND. Ce n'est pas seulement par ses ouvrages, mais par sa conduite qu'elle l'a prouvé. Il y a dans sa vie un incident qui a pensé la conduire au tombeau. Au bout de vingt ans ses pleurs ne sont pas encore taris, et la source de ses larmes n'est pas encore épuisée.

LE PREMIER. Eh bien, cette femme, une des plus sensibles que la nature ait formées, a été une des plus mauvaises actrices qui aient jamais paru sur la scène. Personne ne parle mieux de l'art, personne ne joue plus mal.

LE SECOND. J'ajouterai qu'elle en convient, et qu'il ne lui est jamais arrivé d'accuser les sifflets d'injustice.

LE PREMIER. Et pourquoi, avec la sensibilité exquise, la qualité principale, selon vous, du comédien, la Riccoboni est-elle si mauvaise?

LE SECOND. C'est qu'apparemment les autres lui manquaient à un point tel que la première n'en pouvait compenser le défaut.

LE PREMIER. Mais elle n'est point mal de figure; elle a de l'esprit; elle a le maintien décent; sa voix n'a rien de choquant. Toutes les bonnes qualités qu'on tient de l'éducation, elle les possédait. Elle ne présentait rien de choquant en société. On la voit sans peine, on l'écoute avec le plus grand plaisir.

LE SECOND. Je n'y entends rien; tout ce que je sais, c'est que jamais le public n'a pu se réconcilier avec elle, et qu'elle a été vingt ans de suite la victime de sa profession.

Le Premier. Et de sa sensibilité, au-dessus de laquelle elle n'a jamais pu s'élever; et c'est parce qu'elle est constamment restée elle, que le public l'a constamment dédaignée.

Le Second. Et vous, ne connaissez-vous pas Caillot?

Le Premier. Beaucoup.

Le Second. Avez-vous quelquefois causé là-dessus?

Le Premier. Non.

Le Second. A votre place, je serais curieux de savoir son avis.

Le Premier. Je le sais.

Le Second. Quel est-il?

Le Premier. Le vôtre et celui de votre ami.

Le Second. Voilà une terrible autorité contre vous.

Le Premier. J'en conviens.

Le Second. Et comment avez-vous appris le sentiment de Caillot?

Le Premier. Par une femme pleine d'esprit et de finesse, la princesse de Galitzin. Caillot avait joué le Déserteur, il était encore sur le lieu où il venait d'éprouver et elle de partager, à côté de lui, toutes les transes d'un malheureux prêt à perdre sa maîtresse et la vie. Caillot s'approche de sa loge et lui adresse, avec ce visage riant que vous lui connaissez, des propos gais, honnêtes et polis. La princesse, étonnée, lui dit: "Comment! vous n'êtes pas mort! Moi, qui n'ai été que spectatrice de vos angoisses, je n'en suis pas encore revenue. — Non, madame, je ne suis pas mort. Je serais trop à plaindre si je mourais si souvent. — Vous ne sentez donc rien? — Pardonnez-moi." Et puis les voilà engagés dans une discussion qui finit entre eux comme celle-ci finira entre nous: je resterai dans mon opinion, et vous dans la vôtre. La princesse ne se rappelait point les raisons de Caillot, mais elle avait observé que ce grand imitateur de la nature, au moment de son agonie, lorsqu'on allait l'entraîner au supplice, s'apercevant que la chaise où il aurait à déposer Louise évanouie était mal placée, la rarrangeait en chantant d'une voix moribonde: "Mais Louise ne vient pas, et mon heure s'approche." Mais vous êtes distrait; à quoi pensez-vous?

Le Second. Je pense à vous proposer un accommodement: de réserver à la sensibilité naturelle de l'acteur ces moments rares où sa tête se perd, où il ne voit plus le spectacle, où il a oublié qu'il est sur un théâtre, où il s'est oublié lui-même, où il est dans Argos, dans Mycènes, où il est le personnage même qu'il joue; il pleure.

Le Premier. En mesure?

Le Second. En mesure. Il crie.

Le Premier. Juste?

Le Second. Juste. S'irrite, s'indigne, se désespère, présente à mes yeux l'image réelle, porte à mon oreille et à mon cœur l'accent vrai de la passion qui l'agite, au point qu'il m'entraîne, que je m'ignore moi-même, que ce n'est plus ni Brizard, ni Le Kain, mais Agamemnon que je vois, mais Néron que j'entends, etc., d'abandonner à l'art tous les autres instants. Je pense que peut-être alors il en est de la nature comme de l'esclave qui apprend à se mouvoir librement sous la chaîne, l'habitude de la porter lui en dérobe le poids et la contrainte.

Le Premier. Un acteur sensible aura peut-être dans son rôle un ou deux de ces moments d'aliénation qui dissoneront avec le reste d'autant plus fortement qu'ils seront plus beaux. Mais dites-moi, le spectacle alors ne cesse-t-il pas d'être un plaisir et ne devient-il pas un supplice pour vous?

LE SECOND. Oh! non.

LE PREMIER. Et ce pathétique de fiction ne l'emporte-t-il pas sur le spectacle domestique et réel d'une famille éplorée autour de la couche funèbre d'un père chéri ou d'une mère adorée?

LE SECOND. Oh! non.

LE PREMIER. Vous ne vous êtes donc pas, ni le comédien, ni vous, si parfaitement oubliés.

LE SECOND. Vous m'avez déjà fort embarrassé, et je ne doute pas que vous ne puissiez m'embarrasser encore; mais je vous ébranlerais, je crois, si vous me permettiez de m'associer un second. Il est quatre heures et demie; on donne *Didon*; allons voir mademoiselle Raucourt; elle vous répondra mieux que moi.

LE PREMIER. Je le souhaite, mais je ne l'espère pas. Pensez-vous qu'elle fasse ce que ni la Le Couvreur, ni la Duclos, ni la de Seine, ni la Balincourt, ni la Clairon, ni la Dumesnil n'ont pu faire? J'ose vous assurer que, si notre jeune débutante est encore loin de la perfection, c'est qu'elle est trop novice pour ne point sentir, et je vous prédis que, si elle continue de sentir, de rester elle et de préférer l'instinct borné de la nature à l'étude illimitée de l'art, elle ne s'élèvera jamais à la hauteur des actrices que je vous ai nommées. Elle aura de beaux moments, mais elle ne sera pas belle. Il en sera d'elle comme de la Gaussin et de plusieurs autres qui n'ont été toute leur vie maniérées, faibles et monotones, que parce qu'elles n'ont jamais pu sortir de l'enceinte étroite où leur sensibilité naturelle les renfermait. Votre dessein est-il toujours de m'opposer mademoiselle Raucourt?

LE SECOND. Assurément.

LE PREMIER. Chemin faisant, je vous raconterai un fait qui revient assez au sujet de notre entretien. Je connaissais Pigalle; j'avais mes entrées chez lui. J'y vais un matin, je frappe; l'artiste m'ouvre, son ébauchoir à la main; et, m'arrêtant sur le seuil de son atelier: "Avant que de vous laisser passer, me dit-il, jurez-moi que vous n'aurez pas de peur d'une belle femme toute nue." Je souris; j'entrai. Il travaillait alors à son monument du maréchal de Saxe, et une très belle courtisane lui servait de modèle pour la figure de la France. Mais comment croyez-vous qu'elle me parut entre les figures colossales qui l'environnaient? pauvre, petite, mesquine, une espèce de grenouille; elle en était écrasée; et j'aurais pris, sur la parole de l'artiste, cette grenouille pour une belle femme, si je n'avais pas attendu la fin de la séance et si je ne l'avais pas vue terre à terre et le dos tourné à ces figures gigantesques qui la réduisaient à rien. Je vous laisse le soin d'appliquer ce phénomène singulier à la Gaussin, à la Riccoboni et à toutes celles qui n'ont pu s'agrandir sur la scène.

Si, par impossible, une actrice avait reçu la sensibilité à un degré comparable à celle que l'art porté à l'extrême peut simuler, le théâtre propose tant de caractères divers à imiter, et un seul rôle principal amène tant de situations opposées, que cette rare pleureuse, incapable de bien jouer deux rôles différents, excellerait à peine dans quelques endroits du même rôle; ce serait la comédienne la plus inégale, la plus bornée et la plus inepte qu'on pût imaginer. S'il lui arrivait de tenter un élan, sa sensibilité prédominante ne tarderait pas à la ramener à la médiocrité. Elle ressemblerait moins à un vigoureux coursier qui galope qu'à une faible haquenée qui prend le mors aux dents. Son instant d'énergie, passager, brusque, sans gradation, sans préparation, sans unité, vous paraîtrait un accès de folie.

La sensibilité étant, en effet, compagne de la douleur et de la faiblesse, dites-moi si une créature douce, faible et sensible est bien propre à concevoir et à rendre le sang-froid de Léontine, les transports jaloux d'Hermione, les fureurs de Camille, la tendresse maternelle de Mérope, le délire et les remords de Phèdre, l'orgueil tyrannique d'Agrippine, la violence de Clytemnestre? Abandonnez votre éternelle pleureuse à quelques-uns de nos rôles élégiaques, et ne l'en tirez pas.

C'est qu'être sensible est une chose, et sentir est une autre. L'une est une affaire d'âme, l'autre une affaire de jugement. C'est qu'on sent avec force et qu'on ne saurait rendre; c'est qu'on rend, seul, en société, au coin d'un foyer, en lisant, en jouant, pour quelques auditeurs, et qu'on ne rend rien qui vaille au théâtre; c'est qu'au théâtre, avec ce qu'on appelle de la sensibilité, de l'âme, des entrailles, on rend bien une ou deux tirades et qu'on manque le reste; c'est qu'embrasser toute l'étendue d'un grand rôle, y ménager les clairs et les obscurs, les doux et les faibles, se montrer égal dans les endroits tranquilles et dans les endroits agités, être varié dans les détails, harmonieux et un dans l'ensemble, et se former un système soutenu de déclamation qui aille jusqu'à sauver les boutades du poëte, c'est l'ouvrage d'une tête froide,

d'un profond jugement, d'un goût exquis, d'une étude
pénible, d'une longue expérience et d'une ténacité de
mémoire peu commune; c'est que la règle *qualis ab
incœpto processerit et sibi constet*, très rigoureuse pour
le poëte, l'est jusqu'à la minutie pour le comédien;
c'est que celui qui sort de la coulisse sans avoir son
jeu présent et son rôle noté éprouvera toute sa vie
le rôle d'un débutant, ou que si, doué d'intrépidité, de
suffisance et de verve, il compte sur la prestesse de sa
tête et l'habitude du métier, cet homme vous en
imposera par sa chaleur et son ivresse, et que vous
applaudirez à son jeu comme un connaisseur en
peinture sourit à une esquisse libertine où tout est
indiqué et rien n'est décidé. C'est un de ces prodiges
qu'on a vu quelquefois à la foire ou chez Nicolet.
Peut-être ces fous-là font-ils bien de rester ce qu'ils
sont, des comédiens ébauchés. Plus de travail ne
leur donnerait pas ce qui leur manque et pourrait leur
ôter ce qu'ils ont. Prenez-les pour ce qu'ils valent,
mais ne les mettez pas à côté d'un tableau fini.

Le Second. Il ne me reste plus qu'une question
à vous faire.

Le Premier. Faites.

Le Second. Avez-vous vu jamais une pièce entière
parfaitement jouée?

Le Premier. Ma foi, je ne m'en souviens pas.
Mais attendez. Oui, quelquefois une pièce médiocre,
par des acteurs médiocres.

Nos deux interlocuteurs allèrent au spectacle, mais
n'y trouvant plus de place ils se rabattirent aux
Tuileries. Ils se promenèrent quelque temps en
silence. Ils semblaient avoir oublié qu'ils étaient
ensemble, et chacun s'entretenait avec lui-même

comme s'il eût été seul, l'un à haute voix, l'autre à voix si basse qu'on ne l'entendait pas, laissant seulement échapper par intervalles des mots isolés, mais distincts, desquels il était facile de conjecturer qu'il ne se tenait pas pour battu.

Les idées de l'homme au paradoxe sont les seules dont je puisse rendre compte, et les voici aussi décousues qu'elles doivent le paraître lorsqu'on supprime d'un soliloque les intermédiaires qui servent de liaison. Il disait:

Qu'on mette à sa place un acteur sensible, et nous verrons comment il s'en tirera. Lui, que fait-il? Il pose son pied sur la balustrade, rattache sa jarretière, et répond au courtisan qu'il méprise, la tête tournée sur une de ses épaules; et c'est ainsi qu'un incident qui aurait déconcerté tout autre que ce froid et sublime comédien, subitement adapté à la circonstance, devient un trait de génie.

(Il parlait, je crois, de Baron dans la tragédie du *Comte d'Essex.* Il ajoutait en souriant:)

Eh oui, il croira que celle-là sent, lorsque renversée sur le sein de sa confidente et presque moribonde, les yeux tournés vers les troisièmes loges, elle y aperçoit un vieux procureur qui fondait en larmes et dont la douleur grimaçait d'une manière tout à fait burlesque, et dit: "Regarde donc un peu là-haut la bonne figure que voilà" murmurant dans sa gorge ces paroles comme si elles eussent été la suite d'une plainte inarticulée. A d'autres! à d'autres! Si je me rappelle bien ce fait, il est de la Gaussin, dans *Zaïre.*

Et ce troisième dont la fin a été si tragique, je l'ai connu, j'ai connu son père, qui m'invitait aussi quelquefois à dire mon mot dans son cornet.

(Il n'y a pas de doute qu'il ne soit ici question du sage Montménil.)

C'était la candeur et l'honnêteté même. Qu'y avait-il de commun entre son caractère naturel et celui de Tartuffe qu'il jouait supérieurement? Rien. Où avait-il pris ce torticolis, ce roulement d'yeux si singulier, ce ton radouci et toutes les autres finesses du rôle de l'hypocrite? Prenez garde à ce que vous allez répondre. Je vous tiens. — Dans une imitation profonde de la nature. — Dans une imitation profonde de la nature? Et vous verrez que les symptômes extérieurs qui désignent le plus fortement la sensibilité de l'âme ne sont pas autant dans la nature que les symptômes extérieurs de l'hypocrisie; qu'on ne saurait les y étudier, et qu'un acteur à grand talent trouvera plus de difficultés à saisir et à imiter les uns que les autres! Et si je soutenais que de toutes les qualités de l'âme la sensibilité est la plus facile à contrefaire, n'y ayant peut-être pas un seul homme assez cruel, assez inhumain pour que le germe n'en existât pas dans son cœur, pour ne l'avoir jamais éprouvée; ce qu'on ne saurait assurer de toutes les autres passions, telle que l'avarice, la méfiance? Est-ce qu'un excellent instrument? — Je vous entends; il y aura toujours, entre celui qui contrefait la sensibilité et celui qui sent, la différence de l'imitation à la chose. — Et tant mieux, tant mieux, vous dis-je. Dans le premier cas, le comédien n'aura pas à se séparer de lui-même, il se portera tout à coup et de plein saut à la hauteur du modèle idéal. — Tout à coup et de plein saut! — Vous me chicanez sur une expression. Je veux dire que, n'étant jamais ramené au petit modèle qui est en lui, il sera aussi grand, aussi

étonnant, aussi parfait imitateur de la sensibilité que
de l'avarice, de l'hypocrisie, de la duplicité et de tout
autre caractère qui ne sera pas le sien, de toute autre
passion qu'il n'aura pas. La chose que le personnage
naturellement sensible me montrera sera petite;
l'imitation de l'autre sera forte; ou s'il arrivait que
leurs copies fussent également fortes, ce que je ne
vous accorde pas, mais pas du tout, l'un, parfaitement
maître de lui-même et jouant tout à fait d'étude et de
jugement, serait tel que l'expérience journalière le
montre, plus un que celui qui jouera moitié de nature,
moitié d'étude, moitié d'après un modèle, moitié
d'après lui-même. Avec quelque habileté que ces
deux imitations soient fondues ensemble, un spectateur
délicat les discernera plus facilement encore qu'un
profond artiste ne démêlera dans une statue la ligne
qui séparerait ou deux styles différents, ou le devant
exécuté d'après un modèle, et le dos d'après un autre.
— Qu'un acteur consommé cesse de jouer de tête,
qu'il s'oublie; que son cœur s'embarrasse; que la
sensibilité le gagne, qu'il s'y livre. Il nous enivrera.
— Peut-être. — Il nous transportera d'admiration. —
Cela n'est pas impossible; mais c'est à condition qu'il
ne sortira pas de son système de déclamation et que
l'unité ne disparaîtra point, sans quoi vous prononcerez
qu'il est devenu fou. Oui, dans cette supposition
vous aurez un bon moment, j'en conviens; mais
préférez-vous un bon moment à un beau rôle? Si
c'est votre choix, ce n'est pas le mien.

Ici l'homme au paradoxe se tut. Il se promenait
à grands pas sans regarder où il allait; il eût heurté de
droite et de gauche ceux qui venaient à sa rencontre
s'ils n'eussent évité le choc. Puis, s'arrêtant tout à

coup, et saisissant son antagoniste fortement par le
bras, il lui dit d'un ton dogmatique et tranquille:
Mon ami, il y a trois modèles, l'homme de la nature,
l'homme du poëte, l'homme de l'acteur. Celui de la
nature est moins grand que celui du poëte, et celui-ci
moins grand encore que celui du grand comédien, le
plus exagéré de tous. Ce dernier monte sur les
épaules du précédent, et se renferme dans un grand
mannequin d'osier dont il est l'âme ; il meut ce mannequin d'une manière effrayante, même pour le poëte
qui ne se reconnaît plus, et il nous épouvante, comme
vous l'avez fort bien dit, ainsi que les enfants s'épou-
vantent les uns les autres en tenant leurs petits pour-
points courts élevés au-dessus de leur tête, en s'agitant,
et en imitant de leur mieux la voix rauque et lugubre
d'un fantôme qu'ils contrefont. Mais, par hasard,
n'auriez-vous pas vu des jeux d'enfants qu'on a
gravés ? N'y auriez-vous pas vu un marmot qui
s'avance sous un masque hideux de vieillard qui le
cache de la tête aux pieds ? Sous ce masque, il rit de
ses petits camarades que la terreur met en fuite. Ce
marmot est le vrai symbole de l'acteur ; ses camarades
sont les symboles du spectateur. Si le comédien n'est
doué que d'une sensibilité médiocre, et que ce soit là
tout son mérite, ne le tiendrez-vous pas pour un
homme médiocre ? Prenez-y garde, c'est encore un
piége que je vous tends. — Et s'il est doué d'une
extrême sensibilité, qu'en arrivera-t-il ? — Ce qu'il en
arrivera ? C'est qu'il ne jouera pas du tout, ou qu'il
jouera ridiculement. Oui, ridiculement, et la preuve,
vous la verrez en moi quand il vous plaira. Que j'aie
un récit un peu pathétique à faire, il s'élève je ne sais
quel trouble dans mon cœur, dans ma tête ; ma langue

s'embarrasse; ma voix s'altère; mes idées se décomposent; mon discours se suspend; je balbutie, je m'en aperçois; les larmes coulent de mes joues, et je me tais. — Mais cela vous réussit. — En société; au théâtre, je serais hué. — Pourquoi? — Parce qu'on ne vient pas pour voir des pleurs, mais pour entendre des discours qui en arrachent, parce que cette vérité de nature dissone avec la vérité de convention. Je m'explique: je veux dire que, ni le système dramatique, ni l'action, ni les discours du poëte, ne s'arrangeraient point de ma déclamation étouffée, interrompue, sanglotée. Vous voyez qu'il n'est pas même permis d'imiter la nature, même la belle nature, la vérité de trop près, et qu'il est des limites dans lesquelles il faut se renfermer. — Et ces limites, qui les a posées? — Le bon sens, qui ne veut pas qu'un talent nuise à un autre talent. Il faut quelquefois que l'acteur se sacrifie au poëte. — Mais si la composition du poëte s'y prêtait? — Eh bien! vous auriez une autre sorte de tragédie tout à fait différente de la vôtre. — Et quel inconvénient à cela? — Je ne sais pas trop ce que vous y gagneriez; mais je sais très bien ce que vous y perdriez.

Ici l'homme paradoxal s'approcha pour la seconde ou la troisième fois de son antagoniste, et lui dit:

Le mot est de mauvais goût, mais il est plaisant, mais il est d'une actrice sur le talent de laquelle il n'y a pas deux sentiments. C'est le pendant de la situation et du propos de la Gaussin; elle est aussi renversée entre Pillot-Pollux; elle se meurt, du moins je le crois, et elle lui bégaye tout bas: *Ah! Pillot, que tu pues!*

Ce trait est d'Arnould faisant Télaïre. Et dans ce

moment, Arnould est vraiment Télaïre? Non, elle est Arnould, toujours Arnould. Vous ne m'amènerez jamais à louer les degrés intermédiaires d'une qualité qui gâterait tout, si, pousée à l'extrême, le comédien en était dominé. Mais je suppose que le poëte eût écrit la scène pour être déclamée au théâtre comme je la réciterais en société; qui est-ce qui jouerait cette scène? Personne, non, personne, pas même l'acteur le plus maître de son action; s'il s'en tirait bien une fois, il la manquerait mille. Le succès tient alors à si peu de chose!... Ce dernier raisonnement vous paraît peu solide? Eh bien, soit; mais je n'en conclurai pas moins de piquer un peu nos ampoules, de rabaisser de quelques crans nos échasses, et de laisser les choses à peu près comme elles sont. Pour un poëte de génie qui atteindrait à cette prodigieuse vérité de Nature, il s'élèverait une nuée d'insipides et plats imitateurs. Il n'est pas permis, sous peine d'être insipide, maussade, détestable, de descendre d'une ligne au-dessous de la simplicité de Nature. Ne le pensez-vous pas?

Le Second. Je ne pense rien. Je ne vous ai pas entendu.

Le Premier. Quoi! nous n'avons pas continué de disputer?

Le Second. Non.

Le Premier. Et que diable faisiez-vous donc?

Le Second. Je rêvais.

Le Premier. Et que rêviez-vous?

Le Second. Qu'un acteur anglais appelé, je crois, Macklin (j'étais ce jour-là au spectacle), ayant à s'excuser auprès du parterre de la témérité de jouer après Garrick je ne sais quel rôle dans le *Macbeth* de Shakespeare, disait, entre autres choses, que les impressions qui subjuguaient le comédien et le soumettaient au génie et à l'inspiration du poëte lui étaient très nuisibles; je ne sais plus les raisons qu'il en donnait, mais elles étaient très fines, et elles furent senties et applaudies. Au reste, si vous en êtes curieux, vous les trouverez dans une lettre insérée dans le *Saint James Chronicle*, sous le nom de Quinctilien.

Le Premier. Mais j'ai donc causé longtemps tout seul?

Le Second. Cela se peut; aussi longtemps que j'ai rêvé tout seul. Vous savez qu'anciennement des acteurs faisaient des rôles de femmes?

Le Premier. Je le sais.

Le Second. Aulu-Gelle raconte, dans ses *Nuits attiques*, qu'un certain Paulus, couvert des habits lugubres d'Électre, au lieu de se présenter sur la scène avec l'urne d'Oreste, parut en embrassant l'urne qui renfermait les cendres de son propre fils qu'il venait de perdre, et qu'alors ce ne fut point une vaine représentation, une petite douleur de spectacle, mais que la salle retentit de cris et de vrais gémissements.

Le Premier. Et vous croyez que Paulus dans ce moment parla sur la scène comme il aurait parlé dans ses foyers? Non, non. Ce prodigieux effet, dont je ne doute pas, ne tint ni aux vers d'Euripide, ni à la déclamation de l'acteur, mais bien à la vue d'un père désolé qui baignait de ses pleurs l'urne de son propre fils. Ce Paulus n'était peut-être qu'un médiocre comédien; non plus que cet Æsopus dont Plutarque rapporte que "jouant un jour en plein théâtre le rôle d'Atréus délibérant en lui-même comment il se pourra venger de son frère Thyestès, il y eut d'aventure quelqu'un des serviteurs qui voulut soudain passer en courant devant lui, et que lui, Æsopus, étant hors de lui-même pour l'affection véhémente et pour l'ardeur qu'il avait de représenter au vif la passion furieuse du roi Atréus, lui donna sur la tête un tel coup du sceptre qu'il tenait en sa main, qu'il le tua sur la place." C'était un fou que le tribun devait envoyer sur-le-champ au mont Tarpéien.

LE SECOND. Comme il fit apparemment.

LE PREMIER. J'en doute. Les Romains faisaient tant de cas de la vie d'un grand comédien, et si peu de la vie d'un esclave!

Mais, dit-on, un orateur en vaut mieux quand il s'échauffe, quand il est en colère. Je le nie. C'est quand il imite la colère. Les comédiens font impression sur le public, non lorsqu'ils sont furieux, mais lorsqu'ils jouent bien la fureur. Dans les tribunaux, dans les assemblées, dans tous les lieux où l'on veut se rendre maître des esprits, on feint tantôt la colère, tantôt la crainte, tantôt la pitié, pour amener les autres à ces sentiments divers. Ce que la passion elle-même n'a pu faire, la passion bien imitée l'exécute.

Ne dit-on pas dans le monde qu'un homme est un grand comédien? On n'entend pas par là qu'il sent, mais au contraire qu'il excelle à simuler, bien qu'il ne sente rien: rôle bien plus difficile que celui de l'acteur, car cet homme a de plus à trouver le discours et deux fonctions à faire, celle du poëte et du comédien. Le poëte sur la scène peut être plus habile que le comédien dans le monde, mais croit-on que sur la scène l'acteur soit plus profond, soit plus habile à feindre la joie, la tristesse, la sensibilité, l'admiration, la haine, la tendresse, qu'un vieux courtisan?

Mais il se fait tard. Allons souper.

ACTORS AND ACTRESSES MENTIONED
IN THE *PARADOXE SUR LE COMÉDIEN*

I. ACTORS

1. BARON (1653–1729), equally great in tragedy and high comedy, was a pupil of Molière. Transferring his services from the Palais-Royal to the Hôtel de Bourgogne after Molière's death, he introduced into that school of declamation the simple and natural style which he had learnt from his great master, and which his distinguished appearance and cultivated intelligence enabled him to carry to perfection. He excelled alike in the great tragic rôles of Corneille and Racine and in the high comedy parts of Dorante (*Le Menteur*), Horace, and Alceste. In 1691, when still young, he retired from the stage. He returned to it nearly 30 years later (1720), when he was 66, and he acted with all his old perfection. His one weakness was that, being an incurable coxcomb, he clung to young parts such as Britannicus, till in the last year or two of his life he moved the *parterre* to derision. He died in 1729, acting almost to the end.

2. QUINAULT-DUFRESNE (1693–1767), the most distinguished member of a theatrical family, played with great success in tragedy and high comedy from 1712 to 1741. He was chosen by Voltaire for the parts of Œdipe, Titus (*Brutus*), Orosmane (*Zaïre*), and Zamore (*Alzire*). Destouches wrote for him *Le Glorieux*, the title-rôle of which was his own portrait (see text, p. 37), and he compelled the dramatist to accept his revised version of the *dénouement*. As an actor, he was brilliant rather than profound, his chief assets being good looks, a fine figure, and a musical voice, which he abused by his sing-song declamation.

3. MONTMÉNY (1695–1743), as it should be written, was the stage-name of the eldest son of Le Sage. He left behind him the reputation of a first-rate actor in comedy, especially in the parts of valets and peasants. He was also excellent as Turcaret, and as Léandre in Regnard's *Le Distrait*.

4. RICCOBONI, Antoine-François (1707–1772), was the son of Louis Riccoboni, who founded the Théâtre Italien at Paris in 1716. Like his wife (see below) he was a writer as well as an actor. Though Diderot calls him a *grand comédien*, he had not his father's talent. Feeble health compelled him to retire in 1750.

5. BRIZARD (1721–1791) made his début at the Comédie-Française in 1757, when he was past his first youth. Tall and handsome, and combining warmth and feeling with truth to nature, he played with success in Voltaire's tragedies, in Saurin's *Blanche et Guiscard* (1763), and in Du Bellay's *Le Siège de Calais* (1763). He was also successful in comedy. It was he who crowned Voltaire at the famous representation of *Irene*. In private life he was much esteemed (see text p. 48). He retired in 1786.

6. LE KAIN (1729–1778) made his first appearance in 1750 at the Comédie-Française in the part of Titus (*Brutus*), and afterwards Voltaire entrusted to him his chief rôles—Ninias, Catiline, Genghis-Khan, Tancrède —in all of which he was highly successful. But he was no less admirable as Cinna, Oreste (*Andromaque*), and Néron. He was ugly in face and short in stature, and his voice lacked resonance, but devotion to his art, intelligence, and above all genius, enabled him to triumph over these defects. Garrick and he became warm friends. His last appearance at the theatre was on January 24, 1778; fifteen days later (February 8) he was dead. By a strange coincidence Voltaire, who regarded him as his pupil and greatly loved him, arrived

at Paris, after an absence of 28 years, on the very day of his funeral.

7. CAILLOT (1732–1816) played at the Théâtre Italien from 1760 to 1762. Both as singer and actor he was very successful in pathetic parts.

8. MOLÉ (1734–1802) made an unsuccessful début in 1754 and a successful one in 1760. He was as conceited and arrogant as Quinault-Dufresne. He created the parts of Almaviva in *Le Mariage de Figaro*, of Vanderk *fils* in *Le Philosophe sans le savoir*, and of Hamlet in Ducis's arrangement of Shakespeare. In the last part, says Colle, he "bellowed." He was equally exaggerated in Diderot's *Le Père de Famille* and *Le Fils Naturel*, and as Alceste in *Le Misanthrope*.

II. ACTRESSES

1. MLLE DUCLOS (c. 1668–1748) was first the understudy and then the successor of Mlle de Champmeslé (d. 1698) in the great tragic rôles of Racine. She created the title-rôle in La Motte's *Inès de Castro*. With a majestic appearance and a superb voice, she carried to exaggeration the declamatory style of her predecessor, but she moved her audience profoundly and at times held them spell-bound. She retired in 1733.

2. ADRIENNE LECOUVREUR (1692–1730), the greatest actress of the 18th century, introduced to the Comédie-Française the natural style which she had learnt from her master, Baron. The parts in which she appeared most often in her short career (1717–1730) were Iphigénie, Monime, Hermione, Phèdre, Atalide (*Bajazet*), Jocaste (Voltaire's *Œdipe*), and Constance in *Inès de Castro*. Her genius, her loyal and upright character, her passion for her inconstant lover, Maurice de Saxe, the suspicion that her early death was due to poison, have touched the imagination of many writers.

Sainte-Beuve has devoted to her a *causerie*, and she is the heroine of a well-known drama by Scribe and Legouvé. Her letters have been admirably edited by Georges Monval.

3. MLLE BALICOURT made her début in 1727 as Cléopâtre (*Rodogune*) and established her reputation as an actress of rôles of queens, such as Agrippine and Clytemnestre. She retired in 1738 and died in 1743.

4. MLLE DESEINE (1705–1767), the wife of the actor, Quinault-Dufresne, had, like Mlle Balicourt, only a short career. She retired in 1736. Her most successful parts were Émilie and Hermione. Mlle Clairon, who is not given to praise, praises her highly—but then she had the supreme merit in Mlle Clairon's eyes of having retired.

5. MLLE GAUSSIN (1711–1767) was the most beautiful and graceful actress of the 18th century. In 1731 she made a successful first appearance as Junie in *Britannicus*, but her fame dates from her creation of the title-rôle in Voltaire's *Zaïre* (1732).

Jeune Gaussin, reçois mon tendre hommage.

She repeated her success as Alzire. Her feeling and her natural style served her well in pathetic parts, and she was good in comedy. She made an excellent Agnès.

6. MLLE DUMESNIL (1713–1802), who made her début in 1737, was a very unequal actress, trusting more to inspiration than to study. But she had genius, and in parts such as Cléopâtre (*Rodogune*) and Sémiramis she absolutely terrified her audience by the energy of her imprecations. In spite of her inequality, Garrick evidently thought her superior to her rival, Mlle Clairon. "I have never seen a more perfect actress," he said, "than Mlle Clairon, but when I see Mlle Dumesnil, I do not think of the actress but only of Agrippine, Athalie, or Sémiramis." She did not retire till 1776.

7. MME RICCOBONI (1714–1792), wife of the actor and dramatic author (see above), made her début at the Théâtre Italien in 1734 in Marivaux's *La Surprise de l'Amour*. She was a beautiful and charming woman, but she was never more than a mediocre actress. After her retirement in 1762 she wrote several novels, including a continuation of Marivaux's unfinished *Marianne*, in which she cleverly imitated his style. She was a friend and correspondent of Garrick's.

8. MLLE DANGEVILLE (1714–1796), "the inimitable," began her career at sixteen and charmed Paris for 33 years in the rôles of soubrettes. Angélique in Destouches's farce of *La fausse Agnès* (1759) was one of her creations. Garrick praised her in prose and Voltaire in verse. Two years before her death the actor Molé pronounced her *éloge*, in which he laid emphasis on the natural style of her acting and the modesty of her character.

9. MLLE CLAIRON (1723–1803) boldly chose for her début in 1743 at the Comédie-Française the great rôle of Phèdre, and she was justified by her success. Her principal parts, however, were in Voltaire's tragedies—Électre in *Oreste*, Idamé in *L'Orphelin de la Chine*, and Aménaïde in *Tancrède*. She gave much study to her parts and was always improving. Shortly before *L'Orphelin de la Chine* (1755) she adopted a more natural style and greater realism in costume. Indifferent health and a collision with the authorities led to her retirement in 1765. In 1799 she published her *Mémoires*, which in matters relating to herself and her fellow-actors are not very trustworthy.

10. SOPHIE ARNOULD (1744–1803), witty, attractive, and gifted with a fine voice, reigned at the Opera from an early age till her retirement in 1778. Her favourite part for a long time was that of Télaïre in Rameau's *Castor et Pollux* (see text, p. 73), and when Gluck

entrusted to her the rôle of Iphigénie (1774), she proved no less successful in his operas than in Rameau's. There is a life of her by E. and J. de Goncourt (1857).

11. MLLE RAUCOURT (1756–1815), a pupil of Brizard and Mlle Clairon, made her début at the age of sixteen with prodigious success as Didon in Le Franc de Pompignan's tragedy of that name (see text, p. 64). Voltaire, as usual, celebrated the event in gracefully-turned verse. Her majestic face and figure and her superb carriage served her admirably in the rôles of Cléopâtre, Athalie, and Sémiramis. Her funeral, owing to the refusal of the *curé* of St Roch to receive her remains in his Church, was the occasion of a public disturbance, which was only pacified by a priest reciting the Prayers for the Dead.

www.ingramcontent.com/pod-product-compliance
Ingram Content Group UK Ltd.
Pitfield, Milton Keynes, MK11 3LW, UK
UKHW042147280225
455719UK00001B/170